本书得到中国人民大学重大规划项目《国家资产负债表编制与运用的会计角度探讨》（项目号：18XNLG13）、重点实验室创新能力建设绿色发展大数据决策北京市重点实验室的支持。

国家资产负债表与地方债治理研究

吕晓敏 著

GUOJIAZICHAN FUZHAIBIAO YU
DIFANGZHAI ZHILI YANJIU

经济管理出版社
ECONOMY & MANAGEMENT PUBLISHING HOUSE

图书在版编目（CIP）数据

国家资产负债表与地方债治理研究／吕晓敏著. —北京：经济管理出版社，2022. 10

ISBN 978-7-5096-8792-5

Ⅰ. ①国…　Ⅱ. ①吕…　Ⅲ. ①国有资产—资金平衡表—研究—中国②地方财政—债务管理—研究—中国　Ⅳ. ①F231. 1②F812. 7

中国版本图书馆 CIP 数据核字（2022）第 195385 号

组稿编辑：任爱清
责任编辑：任爱清
责任印制：黄章平
责任校对：张晓燕

出版发行：经济管理出版社
　　　　　（北京市海淀区北蜂窝 8 号中雅大厦 A 座 11 层　100038）
网　　址：www. E-mp. com. cn
电　　话：（010）51915602
印　　刷：唐山玺诚印务有限公司
经　　销：新华书店
开　　本：720mm×1000mm /16
印　　张：12. 25
字　　数：198 千字
版　　次：2022 年 12 月第 1 版　　2022 年 12 月第 1 次印刷
书　　号：ISBN 978-7-5096-8792-5
定　　价：88. 00 元

前　言
PREFACE

地方政府债务（以下称地方债）属于全球高度关注的热点问题。地方债作为各级地方政府的重要资金来源，在促进地区经济和金融稳定发展、完善基础设施建设和社会公共服务、应对自然灾害和突发事件等方面均发挥了重要作用。但是，地方债规模迅速增长，也导致各级地方政府债务风险急剧上升，甚至出现债务危机，对财政可持续性和经济稳定性造成严重影响。因此，如何反映和治理地方债，并使其处于合理规模和适度风险成为重要的研究课题。

根据已有研究文献，地方债的反映和治理难题一方面是由于债务数据敏感导致的披露不到位，从而产生地方债"数据乱象"；另一方面是由于预算约束、债务管理、信用评价、发债机制等配套制度不够完善，导致地方债"过度增长"。现有研究基于不同替代指标和数据来源论证了政府审计、预算约束、财政透明度、信用评级及绩效评价等内容与地方债规模和风险的负相关关系。但这些实证研究选取的地方债指标存在以下两个不足：①地方债规模的替代变量多为地方政府发行债券规模或城投债规模等单一范围，隐性债务涵盖不足，且考察的范围远低于真实债务水平。②地方债风险的替代变量多以债务规模占GDP比值的负债率或债务规模占财政收入比值的债务率衡量。其中，GDP或财政收入均为地方政府收入类指标，很少有文献提及地方政府"资产"在构建债务风险指标中的重要性。此外，现有地方债治理文献研究结论多强调降低地方债，缺少与综合经济指标的匹配分析。总结来看，从一个地区资产负债整体角度判断地方债规模和风险，并提出地方债治理手段的文献寥寥无几。基于此，本书从会计角度出发，提出了国家资产负债表对地方债的反映和治理作用，以期利用国家资产负债表解决当前地方债中存在的"数据乱象"和"过度增长"问题。

国家资产负债表研究法（Balance Sheet Approach，BSA）在国外运用已较为广泛。一国或一个地区，以及一个部门利用国家资产负债表可以进行全方位的资产负债情况分析，以充分地反映地区（或部门）债务总体规模和偿债能力，但目前这一内容在我国处于相对缺失的状态。我国从 2013 年十八届三中全会开始才正式提出编制全国和地方资产负债表的要求。目前我国全国和地方资产负债表处于初步探索和试点阶段，还未有官方数据对外公开披露。相关学者研究主要集中于国外经验的介绍以及我国编制和应用国家资产负债表的重要性和必要性等方面。虽然国内几个研究团队试编了国家层面资产负债表，但也多是基于传统宏观经济学、金融学和统计学角度，缺少会计视角的合并抵消、编表和计价等内容的考虑。

由此出发，本书的研究问题为：①国外发达国家如何利用国家资产负债表反映和治理地方债问题？国家资产负债表是否能成为反映和治理地方债的有效工具？②我国在官方国家资产负债表没有公开的情况下，地方债数据如何披露？现有的财政数据、审计数据以及学者研究数据能否准确、及时、完整地反映和治理地方债？③我国与国外发达国家在这一问题上的主要差距何在？当前我国国家资产负债表应该如何建设和完善，以充分发挥其宏观经济信息作用？

为实现上述研究目标，本书从理论和数据分析两个方面对国家资产负债表反映和治理地方债问题进行了深入研究。具体研究内容包括：①本书对地方债、国家资产负债表、政府会计制度进行了详细的文献和制度发展综述，比较并总结了我国与国外发达国家的国家资产负债表和政府会计制度差异。②本书以英国和澳大利亚为例，详细分析了国家资产负债表中蕴含的"数据能量"，不仅包括一国总经济体的部门结构分析和资产负债项目分析，而且包括一国经济体部门和项目的时间趋势分析，以及与 GDP、财政收入和人口等社会经济指标的配比分析等。③本书根据国外主要发达国家的国家资产负债表数据，以及国家资本结构理论等，从地方政府债务规模、债务结构和债务效益三个方面提出了反映地方债规模以及治理地方债风险的指标体系。④本书总结了我国地方债的数据来源，并比较了财政债务余额和发行债券的预算和决算数、政府地方债审计结果、城投债数据以及国内学者自编国家资产负债表等不同来源下地方债规模的差异，并基于不同数据来源进行了各地区地方债风险评价。⑤基于国外经验和我国现状，本书从非金融部门、金融部门、政府部门、居民部门、非营利机构（NPISH 部门）等方面，提出了完善我国国家资产负债表的制度路径，以实现我国国家资产负债表反映和治理地方债的作用机理。

关于国家资产负债表的编制及应用在我国仍属于一项探索性研究。本书基于国外案例，创新性地提出了国家资产负债表反映和治理地方债的功能作用，且探索性地构建了基于国家资产负债表分析地方债规模和风险水平的指标体系；总结了我国地方债数据披露的"乱象"，并从不同部门角度提出了完善我国国家资产负债表的制度路径。在理论上，本书研究有利于改变我国地方债相关实证研究中仅以债券或城投债余额等单一指标替代地方债规模、负债率或债务率等单一指标替代地方债风险的现状，有利于完善地方债治理措施的相关文献。此外，本书研究补充了国家资产负债表与地方债关系的相关文献，有利于丰富国家资产负债表编制和应用研究以及宏观（政府）会计研究。在实务中，本书有助于提高各级政府地方债治理能力，遏制地方债风险，维持地方债合理规模等；有助于推动全国和地方资产负债表和政府会计制度改革，并为我国各地区的实践提供参考建议。

虽然笔者对本书的撰写付出了很多努力，但由于水平有限，书中难免存在纰漏或不当之处，敬请各位读者批评指正！

编者

2022 年 11 月

目　录
CONTENTS

第一章

地方债制度背景与研究现状

第一节 地方债相关制度背景

一、国外相关制度发展

从国际范围来看，地方政府债务主要有债券融资和市场化融资两大类型。美国、澳大利亚、加拿大、日本等国地方政府主要依靠发行债券举债；英国、德国、法国等国地方政府主要以向私人借款以及 PPP 或特许经营的市场化方式举债。相对我国而言，国外地方政府债务出现时间较早，长期制度发展积累了较多的管理经验，值得我国借鉴。本书将主要国家情况分析如下：

（一）债券融资模式的国家

相较于向银行借款，发行债券的成本更低。美国地方政府债始于 20 世纪初，具体而言，地方政府根据法律规定，在市政债券办公室和市政债券委员会的监督下发行地方政府债券。联邦、州、地方三级政府均有发债券[①]，但发行债券须经公众投票批准，重大建设项目还须经议会各方代表和专家组成的听证会听证。因此，地方政府会根据相应的政府会计准则制度要求对政府债务进行记录和报告，会制定相关制度及指标对债务规模进行管理和控制，并及时、准确、全面地披露政府债务规模及财政收支信息。此外，美国政府还规定地方政府建立偿债准备金制度用于偿还债务，如果仍无力偿还，那么地方政府就会宣布破产。美国规定，联邦政府对地方政府债务危机执行不救助原则，但美国存

---

① 由于美国属于联邦制国家，地方政府举债不需要联邦政府批准，但地方政府举债是否需要所在州（省）政府批准，各州情况不一。这一点加拿大也是如此。

在多家大型的专业市政债券保险公司，为地方政府提供行业性金融担保，当然相应的信用审查也比较严格。美国是世界上化解债务能力较强的国家，其在债务的规模控制、信用评级、预算管理等制度上具有诸多创新性制度措施。

澳大利亚的债券融资方式类似于美国，20世纪初开始发行地方政府债券，1927年成立了借款委员会，专门管理地方政府债券。澳大利亚在地方债规模控制、信用评级、预算管理等方面也类似于美国，但澳大利亚对地方政府的预算透明度和化解债务能力的要求更高。例如，澳大利亚对各地方政府进行严格信用评级，昆士兰州还将信用评级和报告制度引入国有企业，进一步加大了地方政府对国有企业债务的管理力度。澳大利亚同样执行中央政府不救助原则，但澳大利亚曾于2008年短暂宣布为全国范围内授权存款机构的大额储蓄进行担保，随后于2010年取消。

加拿大地方政府举债历史也较早，地方政府既可以发行地方政府债券，也可以向银行直接借款。省级政府对省以下地方政府有较为严格的管理制度。首先，债务规模必须以立法院确定的债务预算和余额上限为约束。其次，发行债券必须履行严格的发行程序：先由市议会进行初始核准，之后由政府金融专家进行审查和监督，这一点类似于美国的专家听证会。再次，加拿大的省政府通常会设立一个由来自政府相关部门、大学和投资机构等单位的专业人士组成的债务风险管理委员会，来制定和监督政府融资策略。最后，加拿大财税法律制度较为完善，各级政府按一般通用会计准则编制财务报表，监测债务指标；各级审计办对议会负责，对政府财务报表进行独立审计。加拿大的联邦政府不对地方政府债务进行担保和救助。

（二）市场化融资模式的国家

英国作为典型的市场化融资模式国家，历史上地方政府很少采用债券融资，每年净借款基本为零。历史上英国地方政府发行债券十分谨慎，只有在中央贷款利率上浮和银行银根收紧的情况下，才会选择发行债券，且一般债券发行规模相对较小。因此，英国地方政府举债主要以中央政府贷款、地方政府向私人融资和公私合营模式（PPP模式）为主。在市场化融资模式下，政府债务风险可以转嫁给项目承担者，降低政府的负债率。同时政府债务规模小，可以将主要精力和资源用于项目的监督和运营，降低项目的实施成本，改善政府的资产负债结构，进而减轻纳税人的负担。此外，英国的债务管理和化解债务风险能力全球突出。一方面，英国中央政府设定地方债务规模限额，即规定地方政府债务余额与 GDP 的比值应低于 40%；且中央政府设立偿债准备金的偿债保障机制，用于缓解地方还债压力。另一方面，英国较早地进行了以权责发生制为核算基础的政府会计制度改革，并以此为基础编制了政府预算和财务报告。英国具有相对完备的长时段政府债务数据，财政数据透明度高。

德国和法国与英国地方政府举债模式类似，主要以市场化模式为主，尤其是法国的 PPP 或特许经营模式在全球突出。法国对地方政府债务的管理主要以行政控制为主。2001 年，法国在中央层面建立了债务管理中心，专门负责各级政府的资产和负债情况的日常监督和管理。

总体来看，虽然国外发达国家地方政府债务形式不同，但地方政府对债务管理和财政透明度的要求都很高。其中，英国化解危机能力突出，主要受益于权责发生制财政体制改革。从各国债务制度比较来看，隐性债务越多的国家，越需要财政透明和完善的财税制度以及完善的资产负债表。

二、国内相关制度发展

新中国成立后，全国主要实行高度集中、统收统支的财政制度。《预算法》规定，地方政府一般不能主动借债。如果地方政府产生了赤字或者债务，那么由中央政府偿还。改革开放以前，我国有两次地方政府成功发行公债的案例，即 1950 年"东北生产建设折实公债"和 1959 年"地方经济建设公债"。改革开放以后，我国地方政府债务经历了复杂的变化过程。不同学者对地方政府债务发展阶段进行了不同的总结（刘昊，2019；郭玉清和毛捷，2019），但都表现为债务源头越来越多，债务规模越来越大，债务风险越来越高。本书综合学者研究和制度规范，根据地方债类型等，将地方债发展归纳为以下三个阶段，从而为后文研究地方债数据差异提供支持。

（一）1979~1997 年为初步发展时期

改革开放初期，地方政府没有直接发债权，但通过政策性和商业性借款以及政府间往来拆借款等表外融资方式借债的行为仍大有存在。1988 年国务院发布《关于印发投资管理体制改革近期改革方案的通知》（国发〔1988〕45 号）后，我国组建了六个国家级专业投资公司，地方政府也随之组建了大量省级投资公司，从而促使城投债迅速发展起来。1994 年分税制改革，财权上移、事权下移，地方政府为发展地区经济的大量财政缺口通过城市建设投资平台进行，导致城投债等表外债务大量积累。

（二）1998~2014 年为快速增长时期

1998 年我国首次实施积极财政政策。《财政部关于制发〈国债转贷地方政府管理办法〉的通知》（财预字〔1998〕267 号）发布后，财政部发行 1000 亿元国债用于"扩内需、保增长"，并将部分国债发行收入转贷给省级政府，用于地方经济和社会发展。在当时情况下，"国债转贷"既没有违背《预算法》禁止地方政府发债的制度规定，又能支持地方重点项目发展。但在实际执行中，由于"国债转贷"属于中央发行、地方使用，预算约束相对软化，容易出现资金滥用等情况。2007 年这一过渡政策正式退出历史舞台。2008 年金融危机席卷全球，为应对危机冲击，稳定经济发展，我国推出了"四万亿"投资计划。紧接着，经国务院批准，2009 年财政部开始代理各地方政府发债，连续 3 年财政部累计代理发行 6000 亿元地方政府债券，用于解决地方政府融资难题。因此，2009 年可以称为地方政府债券发行的元年。2009~2011 年也可以称为"中央代发代还"阶段。2011 年开始，财政部发布了《2011 年地方政府自行发债试点办法》，选取上海、浙江、广东和深圳四个地区作为首批试点，要求试点省（市）在国务院批准的发债规模限额内发行地方政府债券，并由财政部代办还本付息。2013 年经国务院批准，财政部又新增江苏和山东为试点地区。这一阶段可以称为"试点自发代还"阶段。随后，2014 年财政部发布《2014 年地方政府债券自发自还试点办法》，在以上六个省（市）外加北京、青岛、宁夏、江西共 10 个试点地区，试行地方政府自行组织发行债券，自行支付利息和偿还本金的相关制度，称为"自发自还"阶段。

（三）2015 年至今为债务膨胀的严格管控时期

经过长期地方政府各种源头举债融资的发展，地方债已经引起国家重大关注。国务院于 2014 年 9 月 21 日，正式发布《关于加强地方政府性债务管理的意见》（国发〔2014〕43 号），明确规定地方政府只能以发行地方政府债券为唯一合法举债途径，且实行规模限额管理，同时规定融资平台的债务不再纳入地方政府债务范围。2015 年 1 月 1 日起新《预算法》开始执行，正式规定地方政府可以作为发债主体发行地方公债。我国正式进入地方政府"自发自还"阶段。同时，国务院 43 号文还明确提出中央政府不再对地方政府实行救助。至此，我国在制度规定上实现了地方债的转轨，将所有债务表内化，开启了地方政府通过发行债券来弥补预算赤字的"前门"，关闭了地方政府依托融资平台扩张表外债务的"后门"。此外，这一阶段，国家还加大了对地方债的管理和监督力度。例如，国务院办公厅 2016 年发布的《地方政府性债务风险应急处置预案》（国办函〔2016〕88 号），2017 年财政部制定的《关于进一步规范地方政府举债融资行为的通知》（财预〔2017〕50 号）以及 2018 年中共中央、国务院联合发布的《关于防范化解地方政府隐性债务风险的意见》（中办发〔2018〕46 号）等文件，强调了地方政府债务作为中国经济发展中需要警惕的重要风险，应强化管理；同时强调了对地方官员脱离实际过度举债、违规用债等行为的问责，改变以往"唯 GDP 论"的官员考核机制。我国地方债的发展阶段如图 1-1 所示。

图 1-1 我国地方政府债务发展历程

注：此图为笔者自行绘制。

图 1-1 综合总结了我国地方政府债务发展历程。首先，从地方政府显性债务来看，我国地方政府发行公债经历了从无到有的阶段：①中央发行、转贷地方；②中央代地方发行及还本付息；③地方试点直接发行；④中央担保，地方自主发行、自主偿还四个阶段。整个地方政府公债发展过程中，地方政府的自主权越来越大，看似越来越自由，但由于中央政府逐步放松担保，地方政府会由于没有"兜底"机制而更理智发行，同时为了长远债务融资需求，也更注重自身信用等级。其次，从地方隐性债务来看，长期存在的地方政府融资平台或投资机构间接发行的城投债在地方经济建设中起到了重要作用，虽然城投债由地方政府担保，与政府关系密切，但城投债实际上属于企业债务。随着国务院 43 号文的"剥离"，城投债将不再属于地方债范畴。

值得注意的是，本书认为地方债相关制度规范已逐步完善，但在实际执行中可能还需要较长的治理和过渡期。一方面，中央政府对地方债务危机不予救助可能难以完全实现。根据国际经验，地方政府能实现自发自还需要具备的条件是：地方政府有独立的财权，且有强硬的外部约束和完备的政府破产制度，以遏制地方政府发债冲动或实现债务重组。目前来看，我国尚未具备上述条件。另一方面，虽然目前城投债已经从地方政府债务中剥离，但实际中多数融资平台发债或城市建设公司借债仍是以地方政府为隐性担保，且短时期内债务规模不会显著降低，债务风险仍然严峻。城投债作为企业债，一旦出现重大还债问题，可能仍需地方政府支持。

第二节　地方债相关研究现状

政府债务问题源于新古典经济学。亚当·斯密最早提出资本主义经济竞争应通过合理举债实现，但举债超过限度会增加税收负担。李嘉图提出税收和举债作为政府两种募集资金的形式，其效果具有等价性。随后，部分学者指出政府债务的现值常常出现低估倾向，从而出现"财政幻觉"（Puviani，1897），政府债务问题逐步成为全球关注的热点问题。2009 年开始于希腊，后辐射于多个国家的欧债危机，引起了全球恐慌。相对国外整体债务风险或债务危机而言，我国的地方政府债务问题更为突出。国内学者对这一问题也更为关注，相关文献数量更为庞大。因此，本书主要围绕着地方债的类别、成因、发行规模、经济后果以及解决路径等方面内容综述了当前国内外地方债的发展和研究现状。

一、地方债的概念及分类

地方债的概念①是地方债分类及核算地方债规模的重要基础，现有地方债核算口径差异较大，一方面归结于数据披露不全，另一方面则是地方政府债务的口径难以统一。

从国际上来看，世界银行经济学家 Hana（1998）提出的政府债务矩阵是全球较为公认的政府债务分类标准。按照其定义，从发生的可能性角度，政府债

---

① 本书地方债的概念是指地方政府性债务，不严格区分公债、负债等细微差别的概念。

务划分为直接债务和或有债务；从法律角度，政府债务划分为显性债务和隐性债务。因此，这四个方面可以构成一个债务矩阵，也称财务风险矩阵（见表1-1）。

表 1-1　政府债务矩阵

负债	直接债务 （任何时候下的义务）	或有债务 （特定时候下的义务）
显性债务 （法律或合同确定的义务）	直接显性债务 （1）预算法定支出； （2）政府签订的借款和发行的有价证券； （3）长期预算开支，如公务员工资	或有显性债务 （1）政府的非主权借款和为债务提供担保； （2）政府担保的各类贷款； （3）政府担保的贸易、汇率和投资等； （4）政府保险计划
隐性债务 （政府的"道德"义务，主要反映了公众的期望和利益集团的压力）	直接隐性债务 （1）公共投资项目未来经常性费用； （2）未来可能的公共养老金； （3）法律没有规定的社会保障计划； （4）法律没有规定的未来医疗保健支出	或有隐性债务 （1）政府无担保债务和其他债务的违约； （2）清理私有化实体的债务； （3）银行债务违约或倒闭； （4）无保障养老基金、就业基金等投资失败； （5）私人资本流动逆转后的救助； （6）环境破坏、救灾、军事融资等

注：笔者根据 Hana（1998）文章整理绘制。

由表1-1可见，Hana（1998）提出的债务矩阵中的政府债务是相对广义的概念，且更多的是站在中央政府债务层面。进一步地，它指出越来越多的政府预算外项目导致财政不稳定性增加，这些预算外项目多表现为隐性债务和或有债务。在大多数国家，政府通常只承认量化和公开直接的显性负债，即主权债务，但是关于隐性债务和或有债务的讨论从未停止过。国外关于政府债务的研究多以 Hana 的债务矩阵为分类依据，并指出隐性的或有债务，是地方财政安全的潜在威胁，是导致地方政府信用风险的重要原因（Brixi，1998，2012；Benczúr，1999；Koetsier，2017）。

从国内来看，学术研究和债务实践中的概念和分类也基本认可 Hana 债务矩阵，但关于隐性负债和或有负债的范畴仍存在较大争论，难以界定。例如，马拴友（2001）指出，国有银行不良贷款中的潜在损失和非统借统还国家外债是国家对金融体系的担保，属于国家重要隐性债务。刘尚希和赵全厚（2002）指出，养老保险基金债务、国有银行的不良资产、国有企业未弥补的亏损等属于国家重要隐性债务。曹远征等（2012）指出，养老金缺口构成了政府重要的隐性债务，如此等等。

以上学者的分析主要是从某一方面开展的研究，且并未严格区分中央政府和地方政府。近年来，随着地方政府债务问题的越发严峻，部分学者重新探讨了地方政府隐性债务和或有债务的内涵和边界。谭艳艳和邹梦琪（2019）在有限政府责任的前提下，结合财政部《政府会计准则第 8 号——负债》的规定，从依据和时间两个维度确定了法定义务和推定义务是政府是否负有偿还义务的重要依据。例如，政府债务担保以及 PPP 项目均属于政府或有负债。李丽珍和安秀梅（2019）将我国地方政府隐性债务划分为五类。具体地，源于社会保障刚性兑付类的隐性债务和公共投资项目形成的未来资本性与经常性支出构成直接隐性债务；各种预算内支出拖欠、违法违规类和承担一定救助责任的债务构成或有隐性债务。温来成和李婷（2019）认为，隐性债务分为养老保险基金债务为主的直接隐性债务和投融资平台公司债务、国有事业单位债务为主的或有隐性债务。

从我国实践来看，各部门统计地方政府债务的含义和分类也有一定的差异。2011 年审计署发布的《全国地方政府性债务审计结果》将地方政府债务分为政府负有偿还责任的债务、政府负有担保责任的或有债务和政府可能承担一定救助责任的其他相关债务三类。中共中央、国务院发布的《关于防范化解地方政府隐性债务风险的意见》（2018）和《关于印发〈地方政府隐性债务问责办法〉的通知》（2018）将地方政府法定限额或发行形式之外，直接或承诺以财政资金偿还的，或违法提供担保的债务称为隐性债务，即除直接显性债务外，均为隐性债务。2018 年 11 月财政部发布的《政府会计准则第 8 号——负债》中指出，政府负债包括举借债务（政府发行的政府债券和借入的款项）、应付及预收款项（应付职工薪酬、应付账款等）、暂收性负债（应缴财政款和其他暂收款项）和预计负债（未决诉讼、贷款担保、承诺、自然灾害或公共事件的救助等或有事项）。

根据上述理论与实务界研究成果及规定，将地方政府债务的分类汇总为

图 1-2。由于地方政府隐性债务的形成原因复杂、债务形式多样，本书尽可能地涵盖了地方债的主要类型，但不排除仍未涵盖完全。

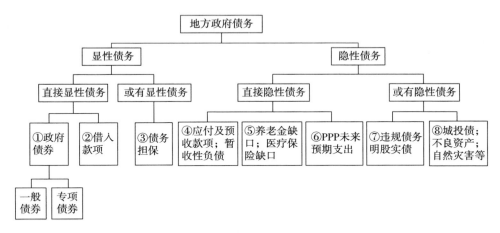

图 1-2　地方政府债务分类

图 1-2 是关于地方政府债务较为全面的分类。以图中序号，审计署的分类为政府负有偿还责任的债务（对应①和②）、政府负有担保责任的或有债务（对应③）和政府可能承担一定救助责任的其他相关债务（对应⑧）。财政部分类为举借债务（对应①和②）、应付及预收款项（对应④）、暂收性负债（对应④）和预计负债（对应③和⑧）。相关实证学术研究中多以公开披露的政府债券余额（对应①）和城投债规模（对应⑧）为地方债衡量范围。地方债分类的复杂性是当前我国地方债"数据乱象"的一大重要原因。图 1-2 的地方债分类也是本书后续分析的重要依据。

二、地方债的成因

从西方国家来看，政府大量举债主要是源于战争和经济危机（郑之杰，2018）。西方经济学家也常用流动性错配和世界经济危机等外部原因来解释地方政府大规模举债行为。我国经济环境和财政体制等不同于西方国家，地方债产生的原因也相对复杂。在此，本书主要分析我国地方债产生的原因。根据国内外学者研究成果，地方债的主要成因包括如下三个方面：

（一） 城市建设和经济发展需求

不少学者研究表明，地方政府出于利益动机，为追求地方经济的高速发展，实现工业化和城镇化会产生举债行为，以缓解财政支出扩张的压力（马海涛和吕强，2004；巴曙松等，2011；赵全厚，2011）。基于城市建设和经济发展需求而进行的举债，可以是理性发展的举措，也可能是非理性行为。例如，缪小林和伏润民（2012）指出，地方政府在发展经济的同时可能会忽略政府的承债能力，从而产生过度举债行为，导致债务快速增加。

（二） 分税制等财税体制改革需求

在1994年国家进行分税制改革后，地方政府的税权较小，导致税收收入较少。而地方政府一般承担着较多的基础设施建设以及社会福利项目，财政支出巨大。地方政府财政收入和支出的缺口，如果完全通过转移支付填补，就会出现纵向财政失衡，即地方政府不断利用"公共池"去攫取财政资源。因此，当中央转移支付不足以填补地方政府财政支出扩张的缺口时，地方政府便会通过举债的形式获得融资。一般而言，政府举债受预算收入和预算支出控制，但当政府预算约束宽松时，地方政府更容易通过预算外方式融资，从而出现过度负债。我国诸多学者已经论证了财政分权等财税体制对地方政府规模和债务风险的正向作用（韩增华，2011；缪小林等，2013；余应敏等，2018；张晖和金利娟，2019；沈雨婷，2019）。而且不少学者指出财税体制改革是我国地方政府与国外地方政府举债动因中最大的差别，也是我国地方债形成的最直接和最主要的原因（马海涛和吕强，2004；刘尚希，2004；财政部财政科学研究所课题组，2009；赵丽江和胡舒扬，2018）。

在财税体制研究基础之上，部分学者采用实证研究方法进一步考察了土地财政以及土地出让对地方债务规模及风险的影响。研究结果基本支持土地出让的融资放大效应，即土地出让收入越高，债券发行规模越大，债务风险越高（杨继东等，2018；张莉等，2018）。

（三） 预算软约束及财政透明程度

Acharya等（2016）指出，政府的隐性担保和软预算约束是一个世界范围内普遍存在的现象。中央政府会对地方政府偿还债务承担一定的救助义务，这一关系在我国更甚。因此，我国金融市场常常有将地方债视为国家债的认识。

地方政府预算外举债以及对救助的预期，使地方政府在举债时缺少对债务规模和债务风险的评估（陈志勇和陈思霞，2014；姜子叶和胡育蓉，2016）。朱莹和王健（2018）以2014年进行的地方政府债券"自发自还"试点，考察了中央救助和不再救助对城投债规模及风险的影响。研究结果发现，"自发自还"模式能显著降低城投债的风险溢价。也就是说，中央不再救助将会缓解我国地方政府举债预算软约束的情况。此外，我国缺乏有效的地方债券市场，仍然会扩大地方政府过度负债规模。除预算软约束外，财政透明度也是影响地方债务规模的一大因素。马海涛和任致伟（2016）、张曾莲和严秋斯（2018）等多位学者指出，财政透明度的提高有利于控制地方政府债务规模。

从地方政府债务的成因或影响因素来看，我国地方政府举债的形成原因较为复杂。已有研究表明，经济发展，城市建设的需求；地方政府间竞争，官员间"锦标赛"式的政绩考核制度，官员的无效率行为及地方政府与银行间"政银合谋"；分税制的财税体制改革；预算软约束和财政透明程度等直接或间接地影响地方政府债务规模。其中，早期地方政府举债主要是由于分税制体制改革导致财权和事权的不平衡，为弥补财政支出缺口而进行的"被动"举债；而后期地方政府举债主要是基于工业化和城镇化等经济发展需求以及地方政府竞争和地方官员晋升的政绩需求而进行的"主动"举债。此外，在我国体制中长期存在的预算软约束和财政透明度低的情况下，为地方政府非理性举债和过度举债提供了"温床"。债务融资是地方政府重要的融资渠道，但政府非理性举债或过度举债则会导致地方财政风险升高。相对而言，从地方政府主动或被动的举债动机上难以控制合适的债务规模，只有从预算机制和财政透明度上加强管理，才能完善我国的地方债管理体制，控制地方债务规模和风险。本书从国家资产负债表的编制和应用角度出发，正是基于提高财政数据透明度而缓解和控制地方债务规模的手段。当然，地方政府利用国家资产负债表还能更加全面地掌握本地区财政收支情况，从而有利于地方政府主动规范自身举债行为，合理化地方债务规模。

三、地方债的经济后果

地方债作为地方经济发展的重要融资手段，对经济发展、金融市场、房地产价格以及财政可持续性有重要作用。本书根据国内外文献，综述了地方债的主要经济后果。

（一）对经济增长的不确定性

政府债务与经济增长的关系是一个历史悠久的问题，长期以来并未得到统一的结论。一部分学者认为地方政府债务促进经济增长（Hildreth & Zorm，2005；Spilioti & Vamvoukas，2015；Hildreth et al.，2010；胡翠和许召元，2011；贾俊雪和郭庆旺，2011；胡奕明和顾祎雯，2016）。一部分学者认为地方政府债务阻碍经济增长（尹恒，2006；Cochrane，2011）。一部分学者认为政府债务与经济增长之间无显著关系（Panizza & Presbitero，2014；Puente & Sanso，2015）。大部分学者认为地方政府债务对经济增长的促进作用存在临界值或拐点（Pattillo et al.，2004；Wang，2010；Reinhart & Rogoff，2010；Checcherita & Rother，2012；Baum et al.，2013；程宇丹和龚六堂，2014；李静，2017；刘澜飚等，2018；韩健和程宇丹，2018；徐文舸，2018），基于此观点的学者大部分认为政府债务与经济增长呈倒"U"型关系。如 Reinhart 等（2010）认为，政府债务/GDP 的比值低过某一临界点时，政府债务会降低经济增长；而在临界点前，政府债务对经济发展不会产生显著影响。反之，当经济不景气或经济增长速度放缓时，会进一步加剧地方政府债务的不可持续性（庞晓波和李丹，2015；梁琪和郝毅，2019），即政府债务与经济增长之间均存在双向因果关系（Wildasin，2004；赵新泉和陈旭，2018）。

由以上学者研究发现，目前关于政府债务与经济增长的关系还未有定论，总体来看，更多的学者认为政府债务会促进经济增长，但存在一定的区间范围。由此可见，债务规模并不是越多越好，而是应该控制在合理范围内，以避免出现过高债务风险和债务危机。

（二）对金融市场的影响

地方政府债务规模迅速扩张导致金融和经济杠杆率快速上升，相关债务风险可能导致的潜在系统性金融风险已经受到了国内外学者的关注。大部分学者认为政府债务对该地区的金融发展会产生一定的抑制作用（Ismihan & Ozkan，2012；纪志宏等，2014；张军，2016）。就相关影响机制而言，Minsky（1978）、Diamond 和 Dybvig（1983）从内部因素出发，研究发现地方债券市场内部不健全，可能会导致信息不对称和资产价格非市场化波动，从而引发金融体系内在脆弱性。Oet 等（2013）从外部因素出发，研究发现地方债的扩张导致政府部门过度使用金融杠杆，通过金融业务将风险传递到金融机构，触发系统性金融风险。国内学者魏加宁（2004）指出，地方政府债务风险已经超越金融风险，成为中国经济头号威胁，并可能引发金融危机。毛锐等（2018）等论证了地方政府债务扩张会触发系统性金融风险。田国强和赵旭霞（2019）进一步指出，地方政府债务与金融体系效率呈循环关联性：金融体系效率下降导致融资成本增加，地方政府债务增加；而政府债务增加，还款周期长，进一步加剧金融系统的困境。

已有文献主要验证了地方政府债务对金融发展的负面效应，但也有个别文献提出了相反观点。燕红忠（2015）、叶德杰（2018）、史亚荣和赵爱清（2020）研究结果表明，地方政府举债融资会显著促进地区金融发展，并有利于实现金融资源优化配置。因此，政府债务规模对金融发展的影响是否也存在适度区间或拐点的问题，目前还未有文献研究。

（三）对公共投资和私人投资的影响

大部分学者认为地方政府的举债规模与公共投资属于相互影响的关系。Oates（1985）、Lora（2007）、辜胜阻（2017）指出，地方政府举债主要是用于全社会固定资产投资，因此，当地方财政收入不足以满足固定投资需求时，政府债务规模就会增加。Sachs（1989）、Krugman（1989）研究发现，适度地减免债务能够提升投资。冼国明（2016）指出，政府债务规模越大，越难吸引外商到本地进行直接投资。朱德云和王素芬（2020）研究发现，地方政府债务规模越大，该地区市政设施建设投资效率越低。这种政府负债对投资的负面影响也被称为"债务悬突额"效应（debt overhang）。但也有学者指出基础设施投资需要在合适的政府债务水平下才能具有较高效率（Krichel & Levine，1995）。姜宏青和张艳慧（2018）研究发现，地方政府债与地方政府固定资产投资存在结构性变动，仅在部分区间有显著关系。此外，韩健和程宇丹（2019）研究发现，政府债务对公共投资和私人投资的影响均呈倒"U"型关系，但在不同地区之间的拐点存在差异。周程和张永亮（2018）研究同样发现，地方负债对地区民间投资的负向效应将随地方债增长而逐级递减。

（四）对其他方面的影响

以上三个方面的文献相对丰富，此外，学者还分析了地方政府债务对财政稳定性和可持续性、房地产价格、地方信用风险及国家信用评级、资源配置效率等多个方面的影响。首先，部分学者研究了地方债务对房地产价格的影响。例如，Dollery 和 Worthington（1995）1989~1991 年以澳大利亚 27 个城市债务数据为例，发现城市债务影响房价。王雅龄和王力结（2015）研究认为，债券市场的强化披露机制可以有效减少地方政府债务的信息不对称问题，并抑制房地产价格泡沫。肖文和韩沈超（2015）研究发现，地方政府债务与商品房价格有显著的正相关关系，而房价与消费者福利存在显著的负向关系。所以妥善处理好地方政府债务对于民生福祉具有重要意义。其次，Kim 和 Minhoon（2006）研究发现，地方债务水平有利于提高资源配置效率。最后，Pogue（1970）最早指出债务规模限制抑制了地方支出，可能会导致公共服务水平下降。

总结地方政府债务的经济后果来看，关于地方债的影响，目前还未有统一的研究结论。大部分学者认可，政府举债在一定范围内对经济发展、金融发展和投资水平是非常必要的，但如果超过一定规模，那么可能会出现较大的风险和隐患，从而产生负面效应。未来，学者可就地方政府债务的影响领域进行进一步挖掘和研究。

四、地方债规模衡量方法及风险测算方法

根据前文叙述，总体而言地方债规模需要保持在合理区间内，但关于地方债合理规模的测算以及地方债规模过量的风险测算却仍然是一个难题。根据当前已有学术研究成果，本书总结了地方债规模衡量方法和债务风险测算方法。

（一）地方债规模衡量方法

地方债可持续性或适度规模是相对静态的分析和衡量。主要有以下三类衡量方法：

第一类是采用直接数据，具体包括以下四种方式：①直接采用政府债券余额（本书图 1-2 中的第①类）作为政府债务规模的替代变量（吴勋和王雨晨，2018）。②直接采用地方政府融资平台发布的城投债余额（本书图 1-2 中的第⑧类）作为政府债务规模的替代变量（刘煜辉和陈晓升，2011）。③直接采用审计署地方政府债务审计结果的各类余额（马海涛和任致伟，2016）。④采用人均地方政府债务增加额作为地方政府债务增长的代理变量（陈宝东和邓晓兰，2017；马东山等，2019）。

第二类是根据预算约束恒等式直接测算或推算，具体包括以下两个方面：①直接采用预算约束恒等式，即每年新增地方政府债务额=财政支出-财政收入-中央政府转移支付（徐家杰，2014）。②根据预算约束恒等式的变形来计算债务规模。例如，朱德云和王素芬（2020）以"地方政府当年债务增量=市政领域固定资产投资额-财政自有资金投资额-市政领域投资项目收入"的公式计算地方政府新增债务额。

第三类是采用多元统计分析或计量模型预测地方债合适规模（Barro，1979；Fernando，2003）。例如，李婷婷等（2015）采用历史数据通过多元回归法确定了债务与GDP及财政收入等因子的数量关系，以此预测未来债务规模。郭敏和宋寒凝（2020）采用熵值法对地方政府债、地方融资平台债券、地方融资平台银行借款、地方PPP投资进行风险赋值来测算地方政府债务总规模。

总结来看，采用地方政府债券余额或城投债余额等计算地方债务规模的研究，只观察了地方债的部分范围，会低估政府债务真实规模的影响。而大多数采用计量方法确定的政府债务合理规模或最优规模只是在预算合理约束以及税收政策负担下的理想状态，与现实地方债务规模差异较大，且控制最优规模的成本和条件较为严苛，实施起来难度较大。

（二）地方债风险测算方法

地方债风险是相对动态的测算和衡量。主要有以下三类衡量方法：

第一类，部分学者采用单一指标或多个指标来考察地方债风险，并与国际通用债务警戒线比较。例如，有学者指出债务负担率，即债券余额和名义GDP的比值是衡量财政可持续性的重要指标，可以作为政府债务风险的替代指标（Condon & Corbo，1990；Greiner & Willi，2007；庞晓波和李丹，2015）。有的学者采用地方政府债务率（债务余额/财政收入）作为政府债务风险的替代指标（刘煜辉和陈晓升，2011；蒲丹琳和王善平，2014；何杨和王蔚，2015；李一花等，2017；余应敏，2018；吉富星，2018），其中不同学者采用的范围略有差异，债务余额可以包括国内贷款、债券、城投债发行规模等，财政收入可以包括土地出让金、财政一般预算收入等。

第二类，部分学者侧重于构建能够反映地方债务风险的评估指标体系。具体又可以分为三种：判别分析法、熵值法、因子分析法、聚类分析法等多元统计分析法（缪小林和伏润民，2012；刘星等，2015；郭玉清等，2015；赵剑锋，2016）；层次分析法（王振宇等，2013；贾晓俊和顾莹博，2017）；人工神经网络法（洪源和刘兴琳，2012；刘骅和卢亚娟，2014）。

第三类，诸多学者采用计量模型来进行债务风险测算。一是采用 KMV 模型及修正的 KMV 模型计算债务风险（Merton，1974；Gray et al.，2007；Francois et al.，2011；李腊生等，2013；张海星和靳伟凤，2016；洪源和胡争荣，2018；李冠青，2018；夏诗园，2019）。KMV 模型主要是利用相对债务规模与债务人的相对偿债能力采用概率分布来测度债务的违约距离和违约概率，但不同学者采用的债务规模和偿债能力相关范围和指标也不同。二是采用 DEA 方法测算地方债务使用效率（高学武和张丹，2013）。

五、地方债的治理措施

地方债的成因复杂，难以对症下药。国际做法差异也较大，总的来看，美国主要是通过市场约束，即中央政府不参与救助（Martell & Guess，2006）；加拿大主要通过协商控制约束，即各地方政府间拆借（薛军和闻勇，2015）；欧盟以及拉丁美洲主要通过法律控制约束，即以法律手段规定债务限额。目前我国主要通过中央设定地方债"天花板"的行政控制手段，加强预算约束、政府审计等管理手段以及信用评级、债务置换、PPP 模式等市场手段进行管控。但就目前来看，这些手段起到了一定的威慑和管控作用，但仍治标不治本。现有学术研究中主要有以下四种解决手段。

（一）强化预算约束对地方政府债务的控制作用

2014 年国务院 43 号文规定地方政府不得为城投债担保，城投债归为企业债；且中央政府不再对地方政府债务实施救助。部分学者分析了这一举措对地方债规模及风险的影响。匡小平和蔡芳宏（2014）指出，应当建立地方政府举债的预算约束机制以及建立以行政规则为主、市场约束为辅的地方债管理模式。地方政府部门还应该以预算报告附录形式把地方政府债务管理纳入预算。

（二）强化政府（国家）审计对地方政府债务的抑制作用

国家审计参与地方政府性债务风险管理具有独立性、专业性和权威性的优势（宋夏云等，2016）。在国内早期定性研究中，多位学者论述了审计对地方债规模的控制作用以及提升地方债管理水平的积极作用（李玲，2011；曾康霖和吕劲松，2014；马轶群，2015；后小仙和武帅，2016）。相对而言，这些研究大多讨论的是审计的事后监督作用，宋常等（2016）进一步提出可以将跟踪审计应用于地方债管理，以提高国家审计对化解地方政府债务风险的重要作用。部分学者以审计署发布的两次地方债务审计结果数据对国家审计与地方债务规模的相关关系进行了实证研究。马东山等（2019）研究发现，政府审计能显著抑制地方政府债务增长，对中介调节效应进一步分析发现，财政分权越高，国家审计对于地方政府债务增长的抑制作用越强。仲杨梅和张龙平（2019）研究发现，政府审计能显著降低地方债风险，中介调节效应进一步显示财政透明度越低，国家审计对于地方政府债务风险的作用越显著。武恒光等（2019）研究发现，国家审计的信号效应越强，对发债成本的影响越显著；且国家审计对地方债信用评级和信用利差具有显著正向影响。但陈文川等（2019）研究指出，全国债务审计后，地方政府显性债务风险显著降低，城投债等隐性债务风险反而显著升高。

（三）加强财政透明度对地方政府债务的抑制作用

国外学者研究表明，政府缺乏财政透明会误读实际财政状况，低估当前和未来的政府债务及风险（Alesina & Perotti，1996；Hameed，2005；Alt & Lasse，2006）。我国学者潘俊等（2016）研究表明，提高地方政府财务信息披露水平有助于降低市场参与者的信息不对称，提高城投债信用评级，降低地方政府债务风险。邓淑莲和刘潋滟（2019）指出，地方政府的财政透明度越高，越有利于缩小违规举债规模和加强对地方债风险管理。

（四）强化债务管理和绩效评价

对地方政府债务进行管理和绩效评价是控制债务规模和风险的主要手段。不同学者采用了不同的绩效评价方法，如层次分析法（宓燕，2006）、主成分分析法（考燕鸣等，2009）、数据包络 DEA 模型（洪源等，2014；仲凡，2017）、专家打分法（赵爱玲和李顺凤，2015）、模糊综合评价法 FCE 模型（张吉军等，2018）以及 Logit 多元回归法（洪源等，2015）等多种方法，以不同指标建立了地方政府债务绩效评价体系。但这些研究成果在现实可行性和合理性方面仍存在不足。杜彤伟等（2019）指出，目前我国地方政府尚未建立基本财政对其债务的正向反馈机制，需要继续深化财税体制改革，设计与完善地方政府债务制度。

总体来看，解决政府债务庞大、风险过高的手段起到了一定的威慑和管控作用，但无法解决政府债务数据不可靠的问题；且每种方法均有新的问题出现，以至于政府债务风险无法合理控制。本书研究从此出发，提出并论证全国和地方资产负债表的编制是提高政府透明度、严控地方隐性债务的手段，可以对地方政府债务起到控制作用。

六、地方债数据来源总结

本书根据已有研究文献总结了地方债相关研究的数据来源。基于图1-2的地方政府债务分类，不同地方债数据来源汇总如表1-2所示。

表1-2 地方债数据来源汇总

基于图1-2的地方债分类	主要数据来源	主要参考文献
1. 地方债券 2. 借入款项	a. 审计署2010年及2013年审计结果	肖文和韩沈超（2015）；胡奕明和顾袆雯（2016）；韩健和程宇丹（2018）；梁琪和郝毅（2019）等
	b. 财政部预算司；中国财政年鉴	徐家杰（2014）；田国强和赵旭霞（2019）；缪小林和赵一心（2019）
	c. 中国统计年鉴；国家统计局网站	王雅龄和王力结（2015）
	d. 中国经济社会大数据研究平台	朱德云和王素芬（2020）
3. 债务担保	审计署2010年及2013年审计结果	无单独研究
4. 应付和预收款项	无数据来源	无单独研究
4. 暂收性款项	无数据来源	无单独研究
5. 养老金缺口	政府估算；新闻报道	李扬等（2012）
5. 医疗保险金缺口	政府估算；新闻报道	马骏（2012）
6. PPP未来支出	财政部PPP中心	无单独研究
7. 违规担保和举债	无数据来源	无定量研究

基于图 1-2 的 地方债分类	主要数据来源	主要参考文献
8. 城投债	a. WIND 数据库原始数据 b. WIND 数据库修正数据（以公开查找的数据补充缺失数据）	蒲丹琳和王善平（2014）；罗党论和佘国满（2015）；朱莹和王健（2018）；杨继东等（2018）；况伟大和王湘君（2019）；冀云阳等（2019）；毛捷等（2019）等
8. 自然灾害救助	无数据来源	无定量研究
8. 不良资产	a. 国家统计局国民经济核算数据	刘尚希和赵全厚（2002）
	b. 中国人民银行《货币政策执行报告》以及银监会数据	李扬等（2012）

注：表中序号为地方债分类编号。

从当前我国地方政府债务公布的数据来看，政府部门多公布的是地方政府发行债券及贷款等显性直接债务，相对于真实地方债务规模处于低估水平；而且官方数据公布的相对笼统，基层单位数据披露不透明。学术研究文献对地方政府债务数据主要侧重于融资平台的城投债，对经常性债务数据关注不足。多位学者指出了当前这一地方债数据披露的问题（徐家杰，2014；杨灿明和鲁元平，2015），而且由于我国数据披露不足，相关地方债研究主要在于全国层面或省级层面，市县级债务风险难以估算；多数研究主要以审计署公布的个别年份数据为分析对象，缺少长时间序列上的地方债规模。同时必须指出的是，当前数据来源主要是审计署个别年份的审计结果以及统计年鉴等，相较于资产负债表等会计数据，这些数据的及时性较低，以这样的数据分析地方债问题及化解地方债风险，研究成果滞后且不具备预测性。

地方债数据复杂、获取困难、披露不足可能会产生诸多负面影响。例如，无法全面、准确掌握地方债数据，就无法冷静、客观地看待和把握我国地方政府债务整体风险情况。目前，我国理论和实务界认为地方债务整体可控和认为地方债已濒临失控的均大有人在，且各持己见；无法揭开地方债真实情况对化解地方债风险非常不利。此外，当前地方债研究很难进行深入分析，诸多研究由于缺少数据支持，研究结果可能相对片面。例如，学者关于地方政府债务的可持续性问题，地方政府债务和经济增长的关系等问题争论不休，实证研究结果差异巨大的重要原因可能是采取的样本区间和衡量变量差异较大。因此，不完善地方债的数据披露，就难以进行长时间序列、全口径范围的地方债规模的动态研究。

总结来看，目前关于地方债的文献数量较多，研究较为丰富，涉及地方债的概念分类、影响因素、适度规模和风险测算、治理措施等方面。但是，一方面，地方债相关研究数据来源差异较大；另一方面，指标选取差异较大，从而导致地方债规模及风险分析结论差异较大。例如，现有研究多以债务规模与GDP 比值，即负债率来衡量一国或一个地区的债务风险水平，仅以此来说明一个地区的债务风险高低是不够全面的。以我国为例，全国及各地区均拥有丰富的非金融资产和资源类非金融非生产性资产等，在现有政府会计制度下，很少有学者关注债务与资产的比值以及债务余额与金融资产和非金融资产的比值等，而现实中大量存在的土地财政正是说明了土地等非金融资产对于政府债务偿还的作用。因此，这就体现了从资产负债表分析地方债的重要性。当前，关于国家资产负债表和地方债关系的研究，国外学者分析的较多，国内研究关注不足，仅有的几篇论文大多从国家资产负债表未来应用的角度分析了其对地方债控制和治理的作用，多以理论分析为主，深入研究不够。基于此，本书以国家资产负债表为基础的报表分析和资本结构提出识别、分析和治理地方债的路径，是对地方债研究的深化和创新。

第二章

国家资产负债表制度背景与研究现状

第一节 国家资产负债表相关制度背景

一、国外相关制度发展

1953 年，联合国首次公布《国民账户体系》（*System of National Accounts*，SNA），旨在加强"二战"后各国经济收入核算体系。随后，联合国于 1968 年、1993 年和 2008 年三次更新 SNA 体系。国家资产负债表属于国民账户体系（SNA）中的重要内容，随着 SNA 的发展而发展。就国家层面而言，英国是最早全国编制国家资产负债表并公开发布的国家。英国官方的国家资产负债表自 1975 年开始发布。随后，加拿大、澳大利亚、日本等发达国家也开始编制国家资产负债表。自 20 世纪 90 年代起，随着联合国国民账户体系理论与方法（主要是 SNA）的完善，一部分发达国家的官方统计部门开始定期公布国家资产负债表。至今，经济合作与发展组织（OECD）要求其成员国定期编制并公布完全以货币为计量单位的全国及各级政府的资产负债表。国际货币基金组织（IMF）也鼓励其所属经济体编制国家资产负债表，但有些经济体数据披露并不规范或并未披露。

从现行的国际规范来看，《国民账户体系 2008》（SNA2008）确定了国家资产负债表编制的主要格式及编制方法。已经发布国家资产负债表的国家主要是按照 SNA2008 的范式，根据各国资产负债实际情况编制的。经济合作与发展组织（OECD）于 2012 年开始督促其成员国按照 OECD 制定的统一部门资产负债表模板编制和发布资产负债表，但主要是针对金融资产，非金融资产未做要求。同年，国际货币基金组织（IMF）也推荐各经济体使用 OECD 的模板。

从各国实践来看，英国的国家资产负债表编制实践在全球处于突出和领先地位，自 1975 年起，英国国家统计局（Office for National Statistics，ONS）每年以蓝皮书形式发布国家资产负债表（其中包括中央和地方政府资产负债表），但其编制方法和详细的数据来源并未公开发布。1995 年欧盟统计局根据 SNA1993 提出了新的国家账户体系（European System of National and Regional Account，ESA），英国据此重新编制了 1987~1997 年的国家资产负债表，并更新了编制方法。联合国 SNA2008 发布后，欧盟统计局相应发布 ESA2010，英国的国家资产负债表又相应作了调整。目前，英国国家统计局在国民经济核算体系（United Kingdom Economic Accouts，UKEA）中定期发布国家资产负债表。此外，英国的财政部门从 2004 年开始单独试编政府部门和其他公共部门合并的政府资产负债表，并于 2011 年进入定期发布阶段。澳大利亚国家统计局于 1997 年每年定期发布年度国家和部门资产负债表。同样地，除了基于 SNA 标准编制的国家和部门资产负债表外，国家统计局还每年编制基于 IMF 颁布的《政府财政统计手册》（GFS）的财政报告，其中包括各级政府部门资产负债表。澳大利亚国家资产负债表的编制方法及数据来源可在其统计局网站查询（文件编号为 NO. 5216. 0)，同时澳大利亚国家资产负债表对自然资源的核算也十分详尽，全球范围内较为突出。加拿大统计局于 1985 年建立并公布国家资产负债表，并随着 SNA 的变化发展而逐步调整。加拿大在资产估值和重估值方面颇有建树，目前国家资产负债表的编制方法较为先进，但由于加拿大属于联邦制国家，联邦政府资产负债表并未合并省及以下单位资产负债表。此外，加拿大财政部门及公共部门会计理事会按照国际会计准则编制财政报告。美国经济分析局定期编制和公布国家金融账户，但美国并没有真正意义上的国家资产负债表。美国联邦政府整体及其各组成部门从 1997 年开始正式编制年度财务报告，并接受审计。

二、国内相关制度发展

我国国家资产负债表编制起步较晚。虽然我国在 20 世纪 80 年代开始过相关研究，但并未编制和公布国家层面的资产负债表。1995 年，我国正式出现国家资产负债表，且国家资产负债表开始纳入国民经济核算体系。之后在国家统计局和中国人民银行、国家外汇管理局等部门的组织下，出版了 1997 年版的《中国资产负债表编制方法》，并于 2007 年进一步完善并再版。这两版编制方法成为了我国国民资产负债核算制度的唯一参考，同时也成为国民经济核算体系编制与计算方法研究的理论和实践成果。国家统计局国民经济核算司编制了1997~2004 年的国家资产负债表，地区编制了 1997~2005 年的地方资产负债表，但是编制结果并未对外公布。2003 年统计局修正的《国民经济核算体系2002》完全采用了 1997 版国家资产负债表编制的要点。

2013 年党的十八届三中全会发布《中共中央关于全面深化改革若干重大问题的决定》明确提出，"加快建立国家统一的经济核算制度，编制全国和地方资产负债表"①。这显示出，全国和地方资产负债表在我国当前和未来国家工作中具有重要的地位。2017 年 6 月 26 日，全面深化改革领导小组第三十六次会议审议通过《全国和地方资产负债表编制工作方案》，要求全国和地方资产负债表要规范基本表式和编制方法，以充分、真实、准确地反映全国和地方以及各部门所拥有资产负债的规模、结构，为国家和地区的宏观经济管理和调控提供信息基础。国家统计局于 2017 年 7 月颁布的《国民经济核算体系 2016》（以下简称 CSNA2016），进一步更新了我国国民经济核算体系，其中国家资产负债表内容已趋同于国际上 SNA2008 的表式。

以上是我国国民经济核算体系下国家产负债表编制和列报的重要制度背景和成果。这些政策规范均明确提出，国家资产负债表是国民经济核算体系的重要组成部分，应当是未来一段时间我国的重要工作，但就如何编制全国和地方资产负债表，目前制度规范还未细化。国家统计局的两版编制方法认可了以会计资产负债表为数据基础的编制方法，但具体如何利用微观会计数据进行汇总、合并等并未明确表述。

三、国内外国家资产负债表制度比较

（一）国内统计局编制的 1997 版、2007 版和 2016 版比较

本书详细比较我国国家资产负债表编制的变化，即两次出版的《中国国家资产负债表编制方法》（国家统计局国民经济核算司，1997 版，2007 版）以及统计局最新发布的《国民经济核算体系 2016》（国家统计局，2017）下的资产负债表编制和列报的变化，以期梳理国家资产负债表的发展脉络（见表 2-1）。

---

① 历史上从未有过，党中央的决定中明确提出编制国民经济核算的一个表。这充分表明资产负债状况对宏观管理的重要性。因此，全国和地方资产负债表是我国当前和未来一段时间内需要重点关注和研究的内容。

1997 版《中国资产负债表编制方法》是我国首次编制资产负债表，内容较为详细具体，本书以此版主要内容作为比较基准。本书详细比较发现，2007 版与 1997 版的规定基本一致，只是对 1997 版作了进一步简化，例如，固定资产只列式了在建工程，事业单位不再区分中央和地方，国外金融资产与负债划分为直接投资、证券投资和其他投资等。

表 2-1　政府部门资产负债表的发展变化

表 A：1997 版《中国国家资产负债表编制方法》的政府部门资产负债表

	合计		事业单位				行政单位	
			中央		地方			
	使用	来源	使用	来源	使用	来源	使用	来源
一、非金融资产 　（一）固定资产（固定资产净值/在建工程/固定资产清理/待处理固定资产净损失） 　（二）存货（产成品和商品库存） 　（三）其他非金融资产（无形资产）								
二、金融资产与负债 　（一）国内金融资产与负债（通货/存款/贷款/股票及其他股权/证券/保险准备金/其他） 　（二）国外金融资产与负债（长期资本/短期资本）								
三、资产负债差额								

表 B：《国民经济核算体系 2016》表式①

	非金融企业部门	金融机构部门	广义政府部门	NPISH部门	居民部门	经济总体	国外
1. 资产 　非金融资产［生产资产（固定资产——住宅/其他建筑和构筑物/机器和设备/培育性生物资源/知识产权产品；存货；贵重物品）/非生产资产］ 　金融资产（通货/存款/贷款/股权和投资基金份额/债务性证券/保险准备金和社会保险基金权益/金融衍生品和雇员股票期权/国际储备/其他）							

① 《国民经济核算体系 2016》中没有政府资产负债表的基本表式，在此列示了期初（末）资产负债表表式，此外 CSNA2016 还包括资产负债交易变化表和其他变化表。

表 B：《国民经济核算体系 2016》表式

	非金融企业部门	金融机构部门	广义政府部门	NPISH部门	居民部门	经济总体	国外
2. 负债（通货/存款/贷款/股权和投资基金份额/债务性证券/保险准备金和社会保险基金权益/金融衍生品和雇员股票期权/国际储备/其他）							
3. 资产净值							

从表 2-1 可以看出，2016 年核算体系对资产负债表进行了重大改进，2016年核算体系与 1997 年和 2007 年的国家资产负债表编制方法的区别主要表现为以下四个方面：

（1）2016 年核算体系基于 SNA2008，增加了资产负债交易变化表和其他变化表，分别用来核算资产负债从期初到期末变化，以及由重估价和其他非交易因素引起的资产变化。具体表格样式与期初（末）资产负债表一致。

（2）2016 年核算体系主栏不再区分国内和国外金融资产与负债，而是以资产、负债、净值列式；宾栏不再区分"使用项"和"来源项"，直接以部门列式。

（3）2016 年核算体系丰富了核算内容，主要体现在以下三个方面：一是非金融资产区分了生产资产和非生产资产。二是固定资产内容细化为住宅、其他建筑和构筑物、机器和设备、培育性生物资源、知识产权产品。这里主要引入了培育性生物资源和知识产权产品。结合 2016 年核算体系中对各类自然资源的拓展核算以及国家自然资源资产负债表编制的最新规定和要求，各类自然资源进入政府部门资产负债表将成为必然趋势。三是金融资产增加了金融衍生工具和雇员股票期权，养老、医疗等社会保险基金权益；扩大了股权核算范围，不仅包括上市公司股权，还涵盖非上市公司股权。这可以较好地反映近年来金融市场上出现的各种金融创新和金融市场的快速发展。

（4）将"为居民服务的非营利机构"（NPISH 部门）从政府中分离出来，用来核算民间非营利组织的发展。

总结而言，2016 年核算体系在核算范围上增加了资产负债期初到期末及其他情况下的变化；核算内容上增加了最新的经济活动中出现的新情况和新变化；在表式结构上更清晰简化，接近于微观会计资产负债表。这在一定程度上有利于保证我国国民经济核算体系的完整性，也有利于进一步实现我国与国际的接轨和比较。

（二） 国内 CSNA2016 与国际 SNA2008 的比较

从资产负债表的表式来看，SNA2008 列报的格式已经较为成熟，国际上大部分国家已经采用其基本模式。但各国资产负债科目的内容还会根据其管理需求和统计基础确定，所以编制的政府部门资产负债表涵盖的范围也不尽相同。例如，澳大利亚政府部门资产负债表涵盖了森林、水等多种自然资源；而美国、英国等的政府部门资产负债表仅包括了土地资源。

表 2-2 展示了我国最新的《国民经济核算体系 2016》与国际主要国家的政府部门资产负债表核算内容等的比较。从资产负债项目来看，我国的政府部门资产负债表是相对于其他国家最为简单的列报，不仅未细化非生产性资产，而且对于金融资产和负债的核算项目也相对较少。相对而言，澳大利亚在非金融资产方面核算得十分详细，而美国在金融资产和负债方面核算得十分详细。

表 2-2　各国政府部门资产负债表核算内容的比较

科目	中国	美国	英国	加拿大	澳大利亚
总资产	√	√		√	√
非金融资产	√	√	√	√	√
生产性资产	√			√	√
固定资产	√		√		√
住宅（建筑物）	√	√	√	√	√
住宅权转移成本					√
其他建筑物和设施	√		√		
非住宅建筑			√	√	√
其他设施			√		√

续表

科目	中国	美国	英国	加拿大	澳大利亚
机械和设备	√	√	√	√	√
运输设备			√		
信息与通信技术设备			√		
军事武器				√	√
其他机器			√		
培育性生物资源	√				√
知识产权产品	√	√	√	√	√
研究与发展					√
矿产石油开发					√
计算机软件					√
艺术品原件					√
耐用消费品		√		√	√
存货	√	√	√	√	
非生产性资产	√				√
自然资源					√
土地		√	√	√	√
地下资产					√
其他允许使用的自然资源					√
无线电频率					√
自然资源使用许可					√
无线电频道使用许可					√
金融资产	√	√	√	√	√
存款	√	√	√	√	√
活期存款和现金		√			
定期及储蓄存款		√			
黄金和外汇		√			√
保险和养老金储备		√	√	√	√

续表

科目	中国	美国	英国	加拿大	澳大利亚
消费者信用				√	
债券	√	√	√	√	√
政府债券		√		√	
机构债券		√			
公司和外国债券		√		√	
抵押贷款		√		√	
贷款	√	√	√	√	√
银行贷款		√			
消费信贷		√			
其他贷款		√			
其他（其他应收款）		√	√	√	√
股票和其他权益	√	√	√	√	√
非公司企业的股份		√			
公司股票		√			
直接外国投资		√			
信托基金权益		√			
资产总计		√			
金融负债（与金融资产相同）		√	√	√	√
净值		√	√	√	√

注：笔者根据文献及各国统计局网站公布的国家资产负债表自行绘制，部分名称并未完全一样，属于相近表达即进行了归类。

　　由以上内容分析可知，我国 2016 年出版的核算体系中国家资产负债表的相关格式及资产负债项目内容已几乎完全趋同于 SNA 和国际上主要国家的资产负债表编制格式，但在核算内容、数据取得以及时间安排上却远不及西方国家的具体、扎实和及时。因而，目前国民经济核算反映出的宏观经济信息仍十分有限。在实践环节，根据本书作者实地调查发现，新的《国民经济核算体系 2016》还未深入到各地区，编制方法和估价核算方面也与国外差异较大。因此，总体来看，官方发布的国家资产负债表在国民经济管理中的作用远不及企业主体中资产负债表对企业管理的作用，相对而言反映出的宏观经济信息不足，质量不高。因此，编制内容丰富、信息准确、发布及时的全国和地方资产负债表势在必行。

第二节　国家资产负债表相关研究现状

一、国家资产负债表起源与发展

美国学者 Dickingson 和 Eakin（1936）最早提出，国家可以借鉴企业资产负债表编制技术，形成综合反映一国资产和负债情况的国家资产负债表，以提供丰富的宏观经济管理信息。国家资产负债表研究的集大成者——美国学者 Goldsmith（1962）指出，国家资产负债表是研究通货膨胀如何影响不同人群的新的经济分析工具，Goldsmith 和 Lipsey（1982）进一步试编了美国 20 世纪初至 80 年代的资产负债表。随着国民账户体系的发展，不同学者开始试编国家资产负债表。英国学者 Revell（1966）最早尝试编制了英国的国家资产负债表，引起了全球关注。此后，各国均开始了国家资产负债表的相关研究。但由于各国实际情况不同，编制技术水平不同等，各国的国家资产负债表仍表现出了较大的差异性和独特性（杨家亮，2016；杨志宏和赵鑫，2017a，2017b）。

我国国家统计局从 20 世纪 90 年代开始进行国家资产负债表相关研究。统计局于 1997 年和 2007 年出版了两版《国家资产负债表编制方法》，并试编了我国 1997~2004 年的国家资产负债表，但编制结果并未对外公布。21 世纪前，国内学者研究较少关注到国家资产负债表，部分学者讨论了政府资产负债表和金融部门资产负债表。党的十八届三中全会首次提出"编制国家和地方资产负债表"，随后国内学者关注增加，文献增多。

二、国家资产负债表概念比较

联合国等组织颁布的 2008 版国民经济核算体系（SNA2008）指出，国家资产负债表是在某一特定时点编制的、记录一国所拥有的资产价值和承担的负债价值的报表①。这与企业资产负债表的含义类似，强调的是静态的、存量的资产负债平衡关系。一般来说，一个国家的机构单位包含政府部门、金融机构、企业、居民及外国机构等。这其中，容易混淆的是国民经济核算体制下的国家资产负债表和财政预算体制下的政府资产负债表的概念。诸多学者对此进行了辨析（林书华，2014；李晓静等，2016；汤林闽和萨日娜，2018）。中国社会科学院汤林闽（2014，2017）指出，政府资产负债表是国家资产负债表中的重要组成部分，对其进行详细分析是研究国家资产负债表的重要内容。

根据已有学者研究，本书总结了两者的异同点。从现有表现来看，国家资产负债表是各部门经济体合并资产负债表的加总，而政府资产负债表是依据政府会计准则编制的政府会计报表体系（一般应为合并报表体系）。就两者的共同之处来看，应至少存在三个方面的相似之处：一是反映的内容相同，即均可反映一个经济总体资产和负债的存量情况及其结构分布；二是编制原理一致或相似，即均采用"资产＝负债+净资产"的平衡关系和价值量计量方式；三是所产生和发挥的作用相似，即均具有摸清"家底"、预防风险、经济治理等功能。

两者在编制和列报上还存在以下七个差异（具体区别见表2-3）：

（1）就编制依据而言，国家资产负债表主要以联合国发布的《国民账户体系》（SNA）及我国公布的《国民经济核算体系2016》为基础；而政府资产负债表是以国际公共部门会计准则（IPSAS）以及我国发布的《政府会计准则》为基础。

（2）国家资产负债表由统计部门负责编制和披露，政府资产负债表则由财政部门负责编制和披露。

（3）国家资产负债表的编制范围是我国所有常住单位，包括非金融企业部门、金融机构部门、政府部门、NPISH部门、居民部门、国外部门六个部分；而政府资产负债表仅包括上述六个部分之一的广义政府部门②范畴的核算。

---

① 资料来源于中国国家统计局国民经济核算司翻译的《国民经济核算体系2008》中文译本219页。笔者通过英文原文校对，认为翻译准确合理。

② 关于广义政府的范畴，本书后续作了进一步讨论。广义政府主要是中央和地方政府，所属事业单位及国有企业等。

（4）在资产负债分类上，国家资产负债表按金融性分类资产和负债，而政府资产负债表按流动性分类资产和负债。

（5）两者在"资产"的确定上存在差异。根据《政府会计制度——行政事业单位会计科目和报表》中的规定来看，政府资产负债表中的资产是具有交易行为的生产资产、非生产资产和金融资产；而国民核算下的资产不仅是交易行为形成的，还应包括没有交易行为但符合经济资产定义[①]的非生产性资产，如各类资源资产等。

（6）政府资产负债表中资产负债项目，多以历史成本计价；而国家资产负债表若也按历史成本计算资产负债情况则难以客观、准确地反映经济运行结果，需要以现时市价计价。

（7）国家资产负债表随国民经济核算其他内容于每年在《中国统计年鉴》中一同公布，属于外部报表，而政府会计资产负债表是政府部门编制的内部报表。

表2-3 国家资产负债表与政府资产负债表的主要区别

主要区别	国家资产负债表	政府资产负债表
编制依据	SNA2008；CSNA2016	IPSAS1 号和 6 号准则等；我国 8 号、9 号准则
编制主体	统计部门	财政部门
编制范围	我国常住单位	广义政府部门
表格样式	以"竖式"列报	以"平衡式"列报
资产内容	经济资产（包括资源资产）	仅是交易行为产生的经济资产
计价方式	市场价格计价	历史成本计价
对外披露	外部报表	内部报表

三、国家资产负债表编制争论

从学术研究方面来看，由于目前国家资产负债表还处于试编阶段，国内学者研究主要集中于国外经验介绍（解明明，2016；杨家亮，2016；杨志宏和赵

---

① 两者核算下对"经济资产"的含义大致相似，即符合经济资产归部门所有、部门对该经济资产能实施有效控制、该经济资产在可预期未来能为部门带来经济利益这样三个基本条件。

鑫，2017a，2017b）以及我国国家资产负债表编制的表式结构、逻辑关系梳理（李金华，2015a，2015b；汤林闽，2014，2017）。

首先，国内诸多学者以及国家统计局等科研团队详细介绍、分析了国际上国家资产负债表编制的经验。其中，解明明（2016）详细介绍了澳大利亚的国家资产负债表的历史沿革、部门划分、数据来源、估价、期初期末间资产价值变动等编制情况。杨家亮（2016）介绍了加拿大国家资产负债表的基本情况、资产和负债分类、重估价账户、数据来源等情况。杨志宏和赵鑫（2017a）对美国经济分析局（BEA）、美联储（FRB）以及美国财政部不同主体编制的国家资产负债表进行了详细的对比分析，认为统计部门和财政部门的国家资产负债表报表体系是互相补充但不可互相替代的关系。杨志宏和赵鑫（2017b）对英国的国家资产负债表进行了详细对比分析，发现英国作为对国民经济核算研究最早的西方国家之一，其实践经验对我国具有重要的借鉴意义。作者建议我国应明确政府资产负债表的基本要素和编制流程；应明确不同类别资产项目的编制顺序，金融资产优先。虽然诸多学者对不同国家资产负债表的编制情况进行了翔实的介绍和分析，但研究未见深入，且相关研究建议也值得进一步推敲。

其次，不少学者对我国国家资产负债表的编制提出了探讨。2012年以来，国内逐渐出现了由不同研究团队牵头的国家资产负债表研究课题组，从而将中国国家资产负债表的针对性和关注度推到了一个新的高度。具体而言，中国人民银行研究局首席经济学家马骏负责的研究团队于2012年发表了《中国国家资产负债表研究》，他们试编了我国1998~2010年的国家资产负债表，并建立了政府债务可持续模型和养老金收支模型（马骏，2012）。中国银行首席经济学家曹远征负责的研究团队通过国家资产负债表的研究认为，国家应建立健全国家资产负债表监测各部门的债务风险，并将国家资产负债管理纳入宏观调控体系，进一步推动财政、金融等配套体制的改革（曹远征，2011）。由中国社会科学院李扬负责的研究团队就国家资产负债表的研究内容出版了《中国国家资产负债表2013——理论、方法与风险评估》《中国国家资产负债表2015——杠杆调整与风险管理》《中国国家资产负债表2018》三本著作。他们基于国家资产负债表的理论框架（主要是SNA2008）及公开的统计数据估算了我国2000~2016年的国家资产负债表，并对过去年份进行了追溯。李扬团队的研究表明，我国主权净资产为正，短期内不存在主权债务危机的风险，但房地产信贷和地方债风险不容忽视，应采用相关措施维持经济增长的可持续发展（李扬等，2013；李扬等，2015；李扬，2016；李扬等，2018）。

除了这三个知名研究团队外，国内不少学者也对国家资产负债表编制提出了个人看法。如李金华（2015a）强调了建立完善的中国国家资产负债表编制理论体系的重要性，笔者对此非常认同。作者构建了中国国家资产负债表谱系，以及国家资产负债表静态和动态的表格样式，这对未来完善中国国家资产负债表编制理论体系具有重要帮助。李金华（2015b）进一步从数量经济与技术经济角度提出建立国家资产负债表的卫星账户，并详细分析了其静态和动态卫星账户的设计原理。林忠华（2014）等也长期关注国家资产负债表问题，发表了十多篇相关文献，他指出编制国家资产负债表存在一些难点，例如，全国范围尚未完全建立权责发生制会计准则，国有资产过于庞大而难以统计，隐性债务难以计量等。在以上研究基础之上，众多学者分析了他们编制的国家资产负债表的异同，并进一步从不同视角和侧面对国家资产负债表的相关内容进行了有益探索（李晓静等，2016；罗胜和向书坚，2017；章鑫和江庆，2017；汤林闽，2017）。

通过对当前几个代表性研究团队的研究结论的分析，本书发现当前研究成果存在以下三个值得推敲的方面：一是这几个团队的研究基本上基于现有公开统计数据，测算口径和测算方法存在较大差异性，这也是不同团队对我国主权资产净值估计差额能达到几十万亿元的原因。二是曹远征团队和马骏团队编制了政府、企业、金融部门、居民等不同主体的资产负债表，但在汇总为国家资产负债表时采用了直接加总的方法，并未进行内部债权、债务的相互抵消，这显然不符合合并报表的原理，也难以如实反映经济活动。虽然李扬团队提出直接汇总各部门资产和负债，可能会导致资产和负债的不完全匹配，但其也未提出有效的合并方法。本书认为国家资产负债表的编制还需要会计中合并资产负债表编制技术的支持。三是虽然他们的研究侧重提及了债务风险的测量，但是他们直接面向国家最高层次的编制设想，不可能提出各级政府地方债的揭示与控制的具体措施，从会计理论出发可知，只有报表从基层开始，层层汇总，才能将各级政府的债务结构及其债权、债务方的抵消过程、结果反映出来。笔者充分阅读主要研究团队的研究成果，认为这些团队均非会计行业的研究人员，研究视角更为宏观，更多地关注国家资产负债表对于经济增长、债务风险、财政体系改革等方面的职能和作用。本书对此问题的看法是：当前学者编制的国家资产负债表欠缺会计视角的一些思考，其研究结论也值得进一步推敲。

四、国家资产负债表治理作用

国家资产负债表的应用也是理论界和实务界关心的问题。从目前研究状况来看①，国外学者研究表明，国家资产负债表的应用领域主要集中于预防金融和经济危机，降低国家和地方债务风险，缓解财政状况和提升国家治理能力等方面（Roe，1973；Rushbrook & Wells，1987；Blades，1980）。但目前国际上这样的研究多是针对国家资产负债表不同部门的细分研究，如金融机构、居民及为居民服务的非营利组织等相关文献丰富（Edweard，1983，1987；Colangelo et al.，2017）。

国内学者对国家资产负债表的应用主要表现为：预防金融和经济危机（刘锡良和刘晓辉，2010；王义中和何帆，2011），降低国家债务风险以及地方政府债务风险水平（杨永恒和田新民，2011；李杨等，2012；缪慧星，2015），提升国家治理能力，促进财政体制改革（马骏等，2013；李杨，2014；杨志宏，2015；李晓静等，2016）等。也有一些学者从其他角度分析国家资产负债表的影响，徐盛发和巴曙松（2011）从资产负债表角度考察人口结构的宏观含义；刘辉和王建琼（2011）指出，国家资产负债表的编制可能引出国家盈余管理的问题。

综上所述，从国家资产负债的研究文献来看，国外文献已经较为成熟，合并资产负债表编制实践已开展多年，且数据公开、透明，编制技术较为成熟，但各国也存在较大差异。我国国家资产负债表提出时间较短，目前全国处于试编阶段，且还存在诸多问题。主要体现在以下八个方面：①全国及地方资产负债表编制主体和发布主体均为统计部门；②全国及地方资产负债表编制客体主要为统计数据，资料来源主要为统计年鉴；③全国及地方资产负债表编制与发布时间相差一年以上；④全国及地方资产负债表编制层级主要限于国家和省级层面；⑤全国及地方资产负债表编制方法主要采用直接法，间接法会计核算技术不成熟；⑥全国及地方资产负债表数据直接组装合并，缺乏企业合并报表原

---

① 本书主要考察了几大发达国家的国家资产负债表研究现状，对于与我国类似或不及于我国的发展中国家的试编文献并未纳入和整理归纳。

理支撑；⑦现有国家及地方资产负债表并未全面加入自然资源资产负债表；
⑧全国及地方资产负债表的应用不足等。虽然我国学术界对不同国家资产负债
表的编制情况进行了翔实的介绍和分析，但研究未见深入。三大团队研究视角
更为宏观，更多地关注国家资产负债表对于经济增长、债务风险、财政体系改
革等方面的宏观职能和作用，对于国家资产负债表的基础编制原则欠缺会计视
角的一些必要思考，这可能直接影响部分学者研究结果的可靠性和有用性。例
如，部分学者提出了国家资产负债表在债务风险测量中的作用，但其编制的国
家资产负债表并未良好地体现出部门主体间债权、债务的抵消过程，部门间的
直接加总也可能出现重复计算等问题。基于此提出的各级政府地方债的揭示与
控制的建议存在很多值得商榷之处，难以形成实际措施。因此，只有借鉴国外
经验和我国历史实践，并结合会计基础理论，才能编制出完善、准确、客观的
国家和地方资产负债表。这正是本书研究的切入点。

五、国家资产负债表与地方债的关系

国外已有研究表明，政府财政透明度以及国家资产负债表等综合财务报表
的编制和披露对控制地方政府债务规模和债务风险具有重要作用（Roe，1973；
Rushbrook & Wells，1987；Blades，1980；Alesina & Perotti，1996；Hameed，
2005；Alt & Lasse，2006）。在党的十八届三中全会提出编制全国和地方资产负
债表后，我国一些学者已经提出国家资产负债表可以对债务风险问题做更深入
的解释。例如，杨志勇（2017）研究指出，应该从动态视角利用国家资产负债
表分析中国政府的债务风险，且在债务规模分析中，重点关注政府收入和政府
资产指标。王蕴波和景宏军（2012）指出，中国地方债的客观原因之一是地方
财政不成熟的资产负债管理能力，而编制地方政府的资产负债表是提高地方债
责任管理意识和管理能力的重要手段。张子荣（2015）从资产负债表角度分析
了我国地方债务风险，试编了2012年地方政府的资产负债表，并通过净资产、
资产负债率、债务负担率等指标判定我国地方债风险水平。

以上研究主要是基于政府资产负债表概念进行的分析。相对而言，从全国
和地方整体资产负债表分析地方债问题的研究还相对较少。吴念鲁和杨海平
（2016）指出，各经济主体的资产负债表是紧密联系在一起的，由于各经济主
体间存在的债权债务关系以及股权关系等，风险会相互传导。因此，在分析地

方债时，不应仅关注地方政府资产负债表，还应从全国和地方综合资产负债表进行考虑。顾莹等（2016）指出，政府债务风险评估不能仅仅关注流量，也不能仅仅关注债务余额以及债务余额占 GDP 比重的上限，而应基于国家资产负债表进行全面分析。

　　总体来看，当前国内外学者关于国家资产负债表对地方债规模和风险的反映和治理功能已有涉及，但相关研究数量较少，且主要以理论分析和部分视角分析为主，缺少国家资产负债表整理视角如何反映和治理地方债的文献。

第三章

国家资产负债表的理论基础及理论分析

第一节　国家资产负债表相关理论基础

一、公共受托责任理论

受托责任理论是会计领域最为重要的理论依据。受托责任最早应用于经济部门，随着社会生产规模的不断扩大和商品经济的发展，企业组织逐渐产生了财产所有权和经营权的分离，形成了受托责任关系。

完整的受托责任关系应存在三个方面的要件：一是包括委托人和代理人双方；二是受托责任的主要内容是受托人接受委托后，按委托人的意愿进行管理或控制活动并按约定向委托人报告关于管理或控制的过程或结果；三是受托责任的本质为责任或义务。公共受托责任理论是将受托责任理论从私营部门扩展至公共部门，具体含义是指经营管理公共财产的机构或个人作为受托人，履行管理职能并定期向委托方报告其责任履行情况。美国审计总署也将其解释为：受托管理并有权使用公共资源的政府和机构向公众说明其活动情况的义务。

就我国现实而言，宪法规定：人民代表大会代表人民行使公共权力，对人民负责，受人民监督。全国各级公共权力部门受人民代表大会委托，制定公共决策，管理和运行社会公共活动，并受人民代表大会和全体人民监督。因此，政府等公共权力部门作为国家和人民的受托人，应按人民意愿（以全国代表大会为表现形式）以一定的公共资源和公共职能来制定公共决策，管理公共资源，从事各种社会公共事业等管理活动，从而完成公共受托责任。这是政府产生和存续的法理基础。而全体人民和人民代表大会作为委托人，监督政府部门的受托责任的完成。由于委托人和受托人之间存在着信息不对称,受托人为追求自身利益会出现常见的道德风险和逆向选择。一方面,政府部门为获得报酬和政治福利不愿意付出相应的努力,出现"不作为"现状;另一方面,政府部门为扩大自身利益,忽略委托人意愿和利益,出现"乱作为"现象。因此,在受托责任关系中,必须加入严格的制度安排和监督机制,以此监督政府的公共政策选择和运行。而目前全球范围内最为有效的制度安排和监督机制就是记录、报告资源筹集、管理、运用过程的政府会计制度以及监督此过程的政府审计制度。一国或一个地区的政府会计和审计制度越完善,一国的文明程度越高,政府公共政策选择的结果越符合公众期望。因此,公共受托责任是政府会计产生的根源。

从受托责任角度来看,目前我国财政部进行的权责发生综合财务报告改革就是建立和完善公共财务受托责任的重要内容,是执行预算会计和财务会计双制度、权责发生制和收付实现制双轨制的重要内容,也是弥补过去预算会计单一、政府会计制度缺陷和问题的重要手段。

从债务角度来看,根据政府部门的公共受托责任,政府的资源和资金的筹集、管理和使用应受国家法律法规、行政命令以及国家代表人的限制,政府应当保证资源使用的经济性、效率性、效果性以及社会发展的公平性和环保性等。因此,政府为经济和社会发展举债时,必须根据国家预算法的规定和人大审批的限额,按照规定程序和途径举债;同时,国家和人民要对各级政府债务负有监督责任。监督权的实现需要完善的政府会计信息系统和信息披露机制,以监督债务的来源和运用,最大限度地缩小政府机构与公众之间的利益分歧。而当前我国提出的编制全国和地方资产负债表、完善政府资产负债表等会计制度都是加大对政府等公共部门公共受托责任监督的重要且有效的机制。

二、新公共管理理论

新公共管理理论源于 20 世纪 70 年代末,西方发达资本主义国家实行了"重塑政府运动""市场化政府""企业型政府""政府新模式"等不同名称的政府会计改革,引起了极大的社会反响,区别于传统公共行政制度的新的公共管理模式逐渐形成。新公共管理理论即是基于这样的"新公共管理"实践催生出的不同于传统公共行政理论的理论新范式。

在新公共管理活动中，英国学者克里斯托夫·胡德、美国学者奥斯本和盖布勒等的研究影响深远，被称为新公共管理理论的代表人物。根据这些学者的研究成果，总结新公共管理理论的主要观点有三个：一是新公共管理理论将政府视为企业的角色，公民则属于顾客的角色。在这一视角下，政府要转变社会职能，在提供公共服务中要以顾客需求为导向，而不是政治需求优先。二是新公共管理理论强调要把竞争机制引入公共部门服务中，改变按章办事的组织，按效果而不是按投入拨款。这一变化调整了政府、社会和市场之间的关系，弱化了政府对企业及市场的直接干预。三是新公共管理理论强调了政府的服务职责和管理绩效，提出要合理借鉴科学的企业管理方法，改变政府本位现象，改善政府形象，建设服务型政府，打破官僚制度和等级制度。

新公共管理活动被认为是重树政府形象的新活动。根据新公共管理理论，我国也进行了一系列改变政府职能和形象的改革。

首先，长期以来，我国行政体制改革不断深入，政府管理模式已经由全能管制型向经济发展型，再向公共服务型转变；政府工作的重点逐渐向人民群众最关心的利益问题转变。为实现服务型政府、透明办公，我国推出了一系列旨在加强政府财务信息披露的制度。财政部最新的综合财务报告改革便是在此基础上，旨在提高政府公共服务质量和行政效率、增加财政透明度的举措。

其次，随着经济发展，我国也逐步在公共服务中引入了竞争机制，不仅非营利组织等公共部门向市场化方向发展，还成立众多公共部门和私人部门合作的 PPP 项目，以提高公共设施建设的效率。PPP 模式中政府未来预计支出和可能支出，属于政府的隐性债务，需要有良好的监督机制和信息披露制度，才能实现新公共管理的保障。

最后，新公共管理理论是我国政府部门实行权责发生制改革的重要理论基础。新公共管理理论强调政府要企业化、市场化，合理借鉴科学的企业管理方法。当前我国政府部门与企业等建立了越来越复杂的合作关系，财务透明化和公开化的要求提高，以往以预算会计为核心的收付实现制已经难以满足现行政府的定位和确认核算需求。我国政府会计制度由收付实现制向权责发生制过渡或双轨执行正符合新公共管理理论的要求。

三、国家资产负债表研究法

在西方国家，国家资产负债表分析被作为重要的理论基础。国际货币基金组织（IMF）曾要求各国积极完善国家资产负债表编制方法（Balance Sheet Approach，BSA），用于分析和评估一国部门内部、部门之间以及中长期宏观经济运行的风险。

首先，部门内部的风险主要表现为期限错配、币种错配和资本结构错配而产生的风险。其中，期限错配（Maturity Mismatch）主要是指投资人的投资期限与借款人的借款期限的错配，一方面是直接显性的还款时间的错配，另一方面是间接隐蔽的还款方式的错配，具体地，在不同行业或部门内表现不同，如银行业主要是拥有资金的期限比当前居民提取现款贷款的期限短所产生的资金紧张问题。因此，期限错配主要是"资金来源的短期化，资金运用的长期化"。币种错配（Currency Mismatch）可以简单解释为以本币计价的收入和以外币计价的债务导致的错配，外币计价主要以美元为主，也会导致负债美元化。币种错配更直接的表现就是汇率风险敞口。资本结构错配（Capital Structure Mismatch）是指经济实体过分依赖刚性的负债融资，而资本金和股权融资在融资结构中占比较少，出现资产负债率偏高的现象。无论是哪种错配方式，均会导致流动性风险增加，影响国家的货币政策和信贷政策等的执行效果，因此必须加以防范和解决。

其次，部门之间的风险也称系统性风险，是各经济部门之间通过资产、负债和权益项目的关联和业务往来而形成具有"传染性"的风险，包括直接传导和间接传导两种。直接传导主要是私人部门和公共部门之间的传导，间接传导是私人部门和公共部门通过金融机构传递风险。

最后，从时间周期来看，一国存在中长期动态风险。各国由于政治经济体制不同，中长期动态风险的表现形式也不一致。以我国来看，当前我国作为一个体制转型和经济发展方式转型的开放型国家，中长期动态风险来自于经济增长路径、政府转型、人口老龄化、社会福利增进以及人民币国际化。这些风险是由经济社会发展的内外部因素变化导致的，而这样的风险都可以通过资产负债表反映出来。

国家资产负债表研究法主要就是以编制各国国家层面和区域层面的资产负

债表，用于反映资产和负债的具体状况，是相对全面、联系的分析方法，有助于综合、辩证地分析各种经济问题。一个开放的国家经济体系一般由金融部门、非金融部门、政府部门、居民部门、为居民服务的非营利组织部门（NPISH 部门）和国外部门六个部门组成，这些部门之间存在着债权债务关系，部门内部也存在着债权债务关系，各部门债权债务合并后形成国家资产负债表。一个开放经济体在面对各种外来冲击时的表现在很大程度上取决于国家资产负债表的稳定性，而国际上债务危机、金融危机以及经济危机传染也主要是通过债权债务关系串联起来的。国家资产负债表分析法正是为了解决上述问题而出现的分析工具，不仅有利于理解危机的生成机理和传导机制，还能为危机的预防和解决提供方案，形成金融账户与实体经济相联系的预警机制。具体国家资产负债表的研究方法，本书在后续应用中详细分析其编制方法、计价方法、表格形式等方面。

四、国家资本结构理论

资本结构属于微观企业术语，主要考察债权和股权的比例关系，反映企业的偿债能力和再融资能力，在一定程度上决定了企业未来盈利能力。企业资本结构理论在西方经济学中有重要的分量，且内容较为丰富。在企业资本结构理论中，具有代表性的当属 MM 理论，即从公司层面来看，在没有企业和个人所得税的情况下，企业并不存在最优的公司资本结构，企业价值不受债务和债务程度影响；但在有所得税的情况下，企业价值会随负债程度的提高而增加，过度借债会增加公司的违约风险和破产风险，因此便存在最优资本结构。

将资本结构的微观概念引入国家层面就形成了国家资本结构的概念，目前国家资本结构还未形成完整的理论。国家资本及国家资本结构的概念最早由美国哥伦比亚大学迈克尔·佩蒂斯（Michael Pettis）提出。他认为国家资本结构就是指国家资本与国家负债的比例关系，反映一国在某一时点上的偿债能力。国家资本结构与企业资本结构具有类似功能，即反映一国经济收益的分配方式及债权和股权等变化对经济的影响。

从企业层面来看，一个企业的偿债能力有短期和长期之分。短期偿债能力主要是企业以流动资产偿还负债的能力，主要的衡量指标包括速动比率（流动资产-存货对流动负债的比例）、流动比率（流动资产对流动负债的比率）和现金流动负债比率（经营现金净流量对流动负债的比率）。长期偿债能力是指企业偿还长期负债的能力，主要衡量指标包括资产负债率（资产对负债的比率）、利润增长率（本年利润对上年利润的比率）、总资产收益率（净利润对平均资产总额的比率）、净资产收益率（净利润对股东权益的比率）、利息保障倍数（息税前利润对利息费用的比率）、净资产增长率（本年净资产对上年净资产的比率）、负债总额/EDBIT（负债对营业收入）等。将此引申到国家层面来看，国家资本结构反映在国家资产负债表的资产方和负债方。这样，政府的偿债能力也可以通过构建指标来衡量。

国家资本结构理论对于国家资产负债表的建设以及地方政府债务的治理具有一定的分析和解释能力。从一国而言，不同国家有着不同程度的经济发展目标，对最优资本结构的追求也不同。例如，发达国家的金融实力雄厚，不担心违约或破产风险，可能相对债务规模较大；但发展中国家相关资本不够雄厚，应更加关注债务管理，制定稳定的资本结构。这一理论对于一个地区同样成立，且这样的理论对于片面认为一国或一个地区负债过高等认识存在纠正作用。因此，考察最优国家资本结构应从国家资产负债表着手，而国家资本结构又是编制和分析国家资产负债表、控制债务风险的重要理论基础。

第二节　国家资产负债表的理论分析

本节根据当前国家资产负债表的权威标准——联合国等组织颁布的 2008 版国民经济核算体系（SNA2008），介绍了资产负债表基础理论的主要内容。

一、国家资产负债表的内涵及形式

根据联合国 SNA2008 的规定，国家资产负债表的具体内容包括非金融资产、金融资产和负债，根据总资产和总负债的差额，可以计算一国的资产净值，即累计国民财富。进一步地，资产负债表不仅可以反映在某一时间点各类资产和负债的存量情况，而且还可以反映在一个核算期内各类资产和负债的流量情况，以此说明核算期期初到期末之间存量的价值变化。因此，SNA2008 规定下的国家资产负债表包括期初资产负债表、资产负债交易期间变化表、资产负债其他变化表和期末资产负债表四张。其中，期初资产负债表与期末资产负债表有同样的结构和内容，只是记录时点不同；资产负债交易变化表与资产负债其他变化表结构相同，只是前者反映与当期经济交易有关的资产负债变化，后者反映其他原因引起的资产负债变化。四张表之间的关系是：期末资产（负债）存量=期初资产（负债）存量+资产（负债）交易变化+资产（负债）其他变化。

目前国际上国家资产负债表主要采用的是交易项目—部门的矩阵结构。主栏按资产和负债项目分列，主要包括三个部分：资产、非金融资产（非金融生产资产与非金融非生产资产之和）与金融资产、负债和资产净值。宾栏按机构部门分列，主要包括非金融企业部门、金融部门、政府部门、居民部门、NPISH 部门（为居民服务的非营利组织部门）以及国外部门六大类。表格形式见表 3-1。参考国际上编制国家资产负债表较为成功的国家经验，一国完整的资产负债表体系还应当包括分部门列示的部门资产负债表，以及各地方的资产负债表。

表 3-1 SNA2008 中国家资产负债表的主要形式

机构部门交易项目	非金融企业部门	金融机构部门	政府部门	NPISH 部门	居民部门	经济总体	国外
1. 资产							
非金融生产资产							
固定资产							
存货							
贵重物品							
非金融非生产资产							
自然资源							
合约、租约和许可							
商誉和营销资产							
金融资产							
货币黄金和 SDRs							
通货和存款							
债务性证券							
贷款							

续表

机构部门交易项目	非金融企业部门	金融机构部门	政府部门	NPISH部门	居民部门	经济总体	国外
股权和投资基金份额/单位							
保险、养老金和标准化担保计划							
金融衍生工具和雇员股票期权							
其他应收/应付款							
2. 负债							
货币黄金和SDRs							
通货和存款							
债务性证券							
贷款							
股权和投资基金份额/单位							
保险、养老金和标准化担保计划							
金融衍生工具和雇员股票期权							
其他应收/应付款							
3. 资产净值							

资料来源：联合国发布的《国民经济核算体系2008》第2558页表13.1。表格内容由笔者自行翻译。其中，非金融企业部门包括公共非金融公司（国有企业）和私有非金融公司（民营企业）；金融机构部门是中央银行、商业银行、保险业、证券业等从事货币服务的部门；政府部门包括中央政府、地方政府；NPISH部门是为居民服务的非营利机构 Non-profit Institutions Serving Households 的缩写；居民部门是以居民为单位统计的部门；经济总体是以上五种类型的合计；国外是指一国在国外部门拥有的资产负债情况。

二、国家资产负债表的编制内容及其内在关系

从表3-1中可见，在SNA2008中，非金融资产中生产性资产细分为固定资产、存货和贵重物品；非金融非生产资产细分为自然资源，合约、租约和许可，商誉和营销资产。金融资产包括货币黄金和SDRs，通货和存款，债务性证券，贷款，股权和投资基金份额/单位，保险、养老金和标准化担保计划，金融衍生工具和雇员股票期权，其他应收/应付款。各国由于具体情况不同，在资产负债项目上存在差异，本书在第二章制度背景中已详细比较过不同国家的成效差异

（见表 2-2）。在此，结合 SNA2008 以及英国、加拿大和澳大利亚的主要国家实践，对国家资产负债表的内容进行解释，如表 3-2 所示。

表 3-2　国家资产负债表编制项目内容解释

资产负债项目	定义及主要类别
固定资产	生产过程中被反复或连续使用一年以上的生产资产，如建筑物、机器设备、树木或牲畜等培育性资产、艺术品原件等
存货	用于销售以及生产中使用或者在后期用作其他用途的货物和服务。货物存货如中间消耗品、产成品、战略物资等；服务存货如建筑图纸等
贵重物品	不用于生产或消费，而是在一段时间内作为价值贮藏手段持有的、具有相当大价值的生产性货物，如贵金属和宝石、珠宝、艺术品等
自然资源	自然形成的资产，如具有经济价值的土地、水、非培育性森林和矿藏
合约、租约和许可	须满足两个条件才确认资产：①合约规定了使用资产或提供服务的价格，该价格不同于缺乏合约、租约、许可时遵循的价格；②合约的一方必须能够合法地而且在实际上实现了这个价格差异
商誉和营销资产	当一个机构单位被整体购买或者一项可识别的营销资产被出售时的全部或部分净值
货币黄金和 SDRs	货币黄金是货币当局所拥有的，并作为储备资产而持有的黄金；SDRs 是由国际货币基金组织（IMF）创立并分配给会员以补充现有储备资产的国际储备资产
通货和存款	通货是指由中央银行或中央政府发行或授权的具有固定面值的纸币和硬币。存款包括两个方面：一是没有违约金或限制，按面值即期兑现的存款；二是以支票、汇票、直接转账单、直接借/贷或其他直接支付方式等直接进行支付的存款
债务性证券	可转让债务性证券工具，包括票据、债券、可转让存款证、商业票据、债权证、资产支持证券和通常可在金融市场交易的类似工具
贷款	包括以下所有金融资产：①债权人直接将资金借给债务人时产生的金融资产；②以不可转让单据作为凭证的金融资产
股权和投资基金份额/单位	股权包括证明对清偿了债权人全部债权后的公司或准法人公司的剩余价值有索取权的所有票据和记录，也是发行机构单位的负债。投资基金是将投资者的资金集中起来投资于金融或非金融资产的集体投资

续表

资产负债项目	定义及主要类别
保险、养老金和标准化担保计划	是金融机构进行财富调节或收入再分配的形式，包括非寿险专门准备金、寿险和年金权益、养老金权益、养老金发起人的养老基金债权和标准化担保代偿准备金
金融衍生工具和雇员股票期权	金融衍生工具是与某种特定金融工具或特定指标或特定商品挂钩的金融工具，包括期权和远期。雇员股票期权（ESO）是雇员认股权计划
其他应收/应付款	包括商业信用和预付款以及与税、红利、证券买卖、租金、工资和薪金、社会保障缴款有关的应收和应付款，如利息
备忘项目（表外）	包括外商直接投资和不良贷款

SNA2008 规定，由于国家资产负债表的基本表式为经济部门和资产负债项目的矩阵结构，因此其编制方法主要采用垂直复式记账法和水平复式记账法的"四式记账法"。垂直复式记账法主要就是企业会计使用的复式记账法，主要用来汇总各部门的合并资产负债表。由于 SNA2008 还强调了各地区资产负债表，这就需要在垂直记账的同时还需要有水平记账，即在各部门编制合并资产负债表的同时，各地区还要编制部门间合并抵消后的综合资产负债表。

依据 SNA2008 对国家资产负债表的基本表（见表 3-1），国家资产负债表体系存在以下五个内在关系①。

（1）期末资产、负债项＝期初资产、负债项+期间资产、负债变化项。这类似于微观企业会计"期末＝期初+本期增加"的基本公式。

（2）净资产＝总资产−金融负债＝非金融资产+金融资产−金融负债。这类似于微观企业会计"资产＝负债+所有者权益"的平衡等式。

（3）从全社会来看，即同时包括国内部门和国外部门的情况下，任何一笔资金流动都有相应的流出方和流入方，每一项金融资产必有一项与之同时发生、规模相同的金融负债相对应，即存在：金融资产＝金融负债的恒等式。这一关系进一步可变形为：国内金融资产+持有的国外金融资产＝国内金融负债+承担

---

① 这样的内在关系是对全社会的抽象分析。例如，金融负债中包括债权、股权等多种类型，一般而言，一个部门的债权必然属于另一个部门的债务，是相对"借"和"贷"的概念；但是股权是一方的所有权，并不一定意味着另一方的负债。由于在现实经济中，债权和股权的法律责任差异不大，所以简单起见，在进行国家资产负债表内在关系分析时，基本上认为股权和债权一样。

的国外金融负债。所以，国内金融资产–国内金融负债=持有的国外金融资产–承担的国外金融负债=净国际投资头寸（即本经济体对外的净债权）。

（4）基于金融资产=金融负债的恒等式，一国国内净资产=非金融资产+金融资产–金融负债=非金融资产+净国际投资头寸。因此，在一国净国际投资头寸非常少或不考虑对外债权债务的情况下，净资产近似地等于非金融资产。

（5）当仅考虑国内总经济体时，经济总体资产=∑国内各部门资产；经济总体负债=∑国内各部门负债。当同时考虑国内经济体和国外部门时，国内和国外之间通过不同金融工具形成了资金融通，即存在经济总体金融资产+国外部门金融资产=经济总体负债+国外部门负债，即经济总体资产净值=–国外部门资产净值。

总结来看，国家资产负债表的内在关系远比企业等微观主体资产负债表的内在关系复杂。一国国家资产负债表在同时考虑国内部门和国外部门的情况下，金融资产等于金融负债。如果只考虑国内部门，金融资产与金融负债的差值为对外净债权，即净国际投资头寸。本书后文选取的英国和澳大利亚案例正好说明了这两种情况，即英国国家资产负债表仅考虑国内部门，而澳大利亚国家资产负债表同时考虑了国内和国外部门。两国实践的比较，有利于进一步理解国家资产负债表中复杂的内在关系。

三、国家资产负债表的编制方法与基本估价方法

国家资产负债表编制方法包括直接法和间接法两种。直接法是指收集现有会计、统计和部门行政记录资料，以获得相关资产和负债总量及结构数据，直接编制资产负债表的方法。例如，非金融资产主要根据法人单位的资产负债表、部门行政记录、居民调查、房地产市场交易情况等资料核算；金融资产与负债主要根据金融管理部门统计资料和金融法人单位的资产负债表进行核算。间接法主要根据期初存量及有关流量或存量数据，间接推算出期末存量。

SNA2008规定资产负债核算原则上按编表时点的市场价格估价；而加拿大还进一步以账面价值进行了估价，形成两种计价方法，这也体现了国家资产负债表编制需要会计人员参与的重要理由。从具体项目来看，固定资产通常采用永续盘存法进行估价。存货按编制资产负债表时点的市场价格进行估价。自然资源资产的估价分为两类：一类是在能够获得市场价格信息的情况下，按编制

资产负债表时点的市场价格估价；另一类是在不能得到市场价格信息的情况下，需要采用减记重置成本法或未来收益净现值法估价。金融资产与负债的估价可分为两大类：一类是在有组织的金融市场上经常进行交易的，按编制资产负债表时点的市场价格进行估价；另一类是未在有组织的金融市场交易的，按编表时点债务人为清偿债务应向债权人支付的金额进行估价。

第四章

国家资产负债表编制及应用的国际经验

前文文献综述和理论分析已指出：一方面，地方政府债务存在多种隐性债务模式，而现有研究主要是基于地方政府债券或城投债等单一范围核算的地方债，相对而言，地方债核算范围大量缩小。另一方面，现有国内外关于地方债过高的"声音"主要是基于负债总额/国内生产总值（GDP）比值的判断，且对于地方债管理的"声音"多是降低之策，而没有真正科学地比较资产负债的整体情况。由于一国或一个地区的"资产"往往衡量困难，缺少精准计价的方法等，导致国内外常基于负债/收入指标判断地方债风险。然而这样的方法很容易出现误判。例如，一国出售大片森林用于石油和天然气开采，相应地减少了森林土地价值及矿业权，但获得了相应的现金用于偿还债务。在现有衡量指标下，债务风险得到了降低，但从长期来看，这样的做法对一国或一个地区来说是否是好事难以评判。因此，本书认为全国性的资产负债表可以对国家资产和负债项目进行更加全方位的平衡分析，而且地方债涉及的远不只政府一个部门主体，还包括非金融企业、金融部门等。基于此，本章以英国、澳大利亚等国际上编制国家资产负债表经验丰富的国家为例，分析国家资产负债表对地方政府债务的反映和治理作用，并构建相关分析指标体系，为后文研究我国国家资产负债表对地方政府负债状况的作用提供有效的依据。

本书选择这两个国家的主要原因有以下四个方面：

（1）就国家层面而言，英国是最早编制国家资产负债表并公开发布的国家，英国官方的国家资产负债表从 1975 年开始对外发布。澳大利亚也是国际上国家资产负债表编制及公开披露较早的国家，澳大利亚从 1995 年开始对外发布。因此，虽然两国的地方债问题不是全球范围内突出的国家，但国家资产负债表的编制结构完整、数据披露及时且披露的历史时期较长，国家资产负债表数据丰富。这是本书研究得以实现的前提。在此，本书指出，虽然美国是最早开始进行国家资产负债表学术研究的国家，但美国至今主要以经济分析局发布的《金融账户》为依据，并没有完整意义上的国家资产负债表。虽然加拿大也是较早编制和披露国家资产负债表的国家，但其数据仅在国家统计局中显示近一年的分季度数据，无法获取长历史时期数据。

（2）英国和澳大利亚属于全球范围内政府会计较为成功的国家，而且两国尤其是英国建立的统一会计核算体系涵盖了所有的公共部门，使其预算与财务报表的全面性、可比性水平居于世界前列。虽然本书分析地方债并不以财政预算下的政府资产负债表为工具，但编制基础一致，已有经验丰富的政府资产负债表是国家资产负债表的重要数据构成。这对于我国在财政部权责发生制政府综合财务报告制度改革的背景下，可能具有重要的借鉴意义。

（3）英国属于典型单一制国家，而澳大利亚属于较为典型的联邦制国家。本书以两种不同政治体制下分析国家资产负债表对地方债的反映和治理作用，研究结果可能有普适性，也可以更好地总结适合不同国家体制下的相关经验。

（4）从全球来看，虽然日本、希腊、意大利等国家地方债规模和风险水平更好，但由于国家资产负债表披露数据的缺陷以及语言阅读困难，本书并未选取这些国家作为案例分析对象。

第一节　英国国家资产负债表数据分析

一、英国国家资产负债表情况

从 1975 年开始英国统计局以《英国国民经济核算：蓝皮书》[①] 的形式发布国家资产负债表，并从 1987 年开始对外公布。自 2014 年开始英国采用欧盟国民账户体系 ESA2010 标准，该标准与联合国 SNA2008 标准匹配。英国国家资产负债表共包括三张国家综合资产负债表（表 A ~ 表 C）以及十三章部门资产负债表（表 1 ~ 表 13），涵盖了非金融公司部门（私有和公共非金融公司）、金融公司、政府部门（中央政府和地方政府）、居民和为居民服务的非营利机构以及公共部门。公共部门包括中央政府、地方政府和公共非金融公司（类似我国国有企业），英国并未单独列示国外部门。具体分类见表 4-1。此外，英国国家

---

① 以 2017 年发布的《蓝皮书》为例，国民经济核算共有十六章，其中第十章为国家资产负债表核算。资料来源：https：//www.ons.gov.uk/search? q=UK+Economic+Accounts%3A+blue+books。

资产负债表体系中均采用的是合并报表。

表 4-1　英国国家资产负债表构成

表 A 英国国家资产负债表：年初的净值
表 B 英国国家资产负债表：年净值的变化
表 C 英国国家资产负债表：年末的净值
表 1 英国国家资产负债表：按部门分类
表 2 英国国家资产负债表：按资产分类
表 3 英国国家资产负债表：非金融公司
表 4 英国国家资产负债表：公共非金融公司
表 5 英国国家资产负债表：私有非金融公司
表 6 英国国家资产负债表：金融公司
表 7 英国国家资产负债表：政府
表 8 英国国家资产负债表：中央政府
表 9 英国国家资产负债表：地方政府
表 10 英国国家资产负债表：居民和为居民服务的非营利机构
表 11 英国国家资产负债表：居民
表 12 英国国家资产负债表：为居民服务的非营利机构
表 13 英国国家资产负债表：公共部门

二、英国国家资产负债表截面数据分析

像企业资产负债一样，国家资产负债表揭示了国家作为整体拥有或控制的能用货币表现的经济资源，可以反映资产负债的总规模及具体的分布形态。英国国家层面的总表，即期初国家资产负债表（表 A）、国家资产负债表本期变化表（表 B）、期末国家资产负债表（表 C）是按照资产负债交易项目—部门的矩阵结构列示的。这样的复式表格可以展现出各经济部门占全国的比重和结构。这也是本书分析地方债却以国家资产负债表为分析工具的主要原因。就是因为，地方债问题涉及各个经济部门资产负债情况，只有通过国家资产负债表清晰地剥离各个经济部门的资产负债情况，才能看出地方债中大量隐藏的隐性债务和或有债务。接下来，本书以 2016 年期末英国国家资产负债表（见表 4-2）为例，说明国家资产负债表总表反映的数据关系。

表4-2 2016年期末英国国家资产负债表

单位：现价，百万英镑

	非金融公司	金融部门	政府	中央政府	地方政府	居民和为居民服务的非营利机构	公共部门	总经济体
非金融资产	3125676	145821	964755	586974	377781	5586506	…	9822758
生产性非金融资产	2191828	126396	813269	481471	331798	1670212	…	4801705
固定资产	1916315	125843	812912	481114	331798	1644307	…	4499377
住宅	226507	331	12830	12830	—	1538166	…	1777834
其他建筑物或设施	1072773	91698	527020	300899	226121	48883	…	1740374
住宅以外的建筑物	498844	42640	245066	139919	105147	22730	…	809280
其他建筑物	573929	49058	281954	160980	120974	26153	…	931094
机械、设备和武器系统	468968	26474	255467	153889	101578	44071	…	794980
交通设备	69250	3202	43846	15961	27885	7514	…	123812
信息与通信技术设备	23723	4659	14001	626	13375	4818	…	47201
其他机械、设备和武器系统	375995	18613	197620	137302	60318	31739	…	623967
栽培性生物资源	7231	—	—	—	—	381	…	7612
知识产权产品	140836	7340	17595	13496	4099	12806	…	178577
存货	275513	553	357	357	—	25905	6370	302328
非生产性非金融资产	933848	19425	151486	105503	45983	3916294	641527	5021053
自然资源	933848	19425	151486	105503	45983	3913438	641527	5018197
土地	933848	19425	151486	105503	45983	3913438	641527	5018197
合同租赁和许可证	—	—	—	—	—	2856	—	2856
从事特定活动的许可证	—	—	—	—	—	2856	—	2856
金融资产	2185718	22213036	686564	496178	190386	6450001	720015	31535320
货币黄金和特别提款权	—	—	18258	18258	—	—	18258	18258

续表

	非金融公司	金融部门	政府	中央政府	地方政府	居民和为居民服务的非营利机构	公共部门	总经济体
货币和存款	651107	4709665	87221	51797	35424	1558239	100663	7006232
债券	89939	3425323	89643	85591	4052	27776	91053	3632681
贷款	277279	4560156	224775	207472	17303	18656	225916	5080866
股权和投资基金份额	996637	3213210	181827	51538	130289	1012272	183635	5403946
保险、养老金和标准化担保计划	3883	863024	650		650	3625689	650	4493246
金融衍生工具和员工股票期权	37038	5368258	-6470	-6470		5892	-6470	5404718
其他应收和应付款项	129835	73399	90660	87992	2668	201477	106310	495371
金融负债	5217257	22010520	2495920	2284250	211670	1832898	2732138	31556596
货币黄金和特别提款权	—	—	11072	11072	—	—	11072	11072
货币和存款	—	7137445	173361	173361	—	—	173361	7310806
债券	391609	1977834	2034101	2029654	4447	3348	2058074	4406892
贷款	1216493	1467660	107352	15890	91462	1686445	164885	4477950
股权和投资基金份额	2678007	2312854	—			130064	130064	4990861
保险、养老金和标准化担保计划	676259	3722033	68738	41	68697	44352	68738	4511382
金融衍生工具和员工股票期权	62255	5297148	1680	1680	—	1093	1680	5362176
其他应收和应付款项	192634	95547	99616	52552	47064	97660	124264	485457
净值	94137	348337	-844601	-1201098	356497	10203609	…	9801482

注：英国统计局发布的原表中还包括各细类，如非金融公司包括公共非金融公司和私有非金融公司，金融公司包括公共金融公司和私有金融公司，政府包括中央政府和地方政府，而非营利机构，公共部门不含中央政府，地方政府和公共金融机构。在此表中，本书主要以地方政府为视角，因此仅列示了政府的细分类。此外，一表示该部门不存在此项数据，…表示无法从资本存量数据中获得。另外，表中住宅等建筑物数据不包括其他地下土地价值。

（一）英国国家资产负债表的部门结构分析

首先，英国的国家资产负债表有以下关系：总经济体＝非金融公司＋金融部门＋政府＋居民和为居民服务的非营利机构。由于英国并未统计国外部门，所以总经济体内部并未进行合并抵消。由图4-1可见各部门占总经济体的比重体现了英国的部门资产负债结构。

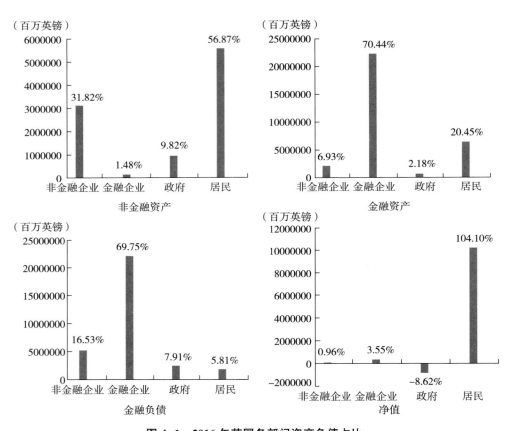

图4-1　2016年英国各部门资产负债占比

资料来源：根据英国统计局《英国国民经济核算：蓝皮书》（2017）第十章数据计算得到。

（1）从非金融资产来看，居民和为居民服务的非营利机构（以下简称居民）占比56.87%，非金融企业占比31.82%，政府占比9.82%，金融企业占比1.48%。因此，英国主要的非金融资产集中于居民和实体企业，政府和金融机构不进行实体生产，固定资产和存货形式的非金融资产占比较低。

（2）从金融资产来看，银行、保险、基金等金融部门作为一国资金的主要提供者，占全部经济体的70.44%，居民占比20.45%，非金融企业占比6.93%，政府占比2.18%。这反映出英国属于以金融业为支柱产业的经济结构。

（3）从金融负债来看，金融企业占比69.75%，非金融企业占比16.53%，政府占比7.91%，居民占比5.81%。可见，在英国国家层面，资金的供给主要源于金融部门和居民部门，资金的支出主要是金融部门和非金融企业。从表中直接反映的数据可见，政府部门无论是在资产项还是负债项的体量都较小，但这里所反映的政府债务主要是以债务和借款等形式为主的直接显性债务。而大量隐性债务是通过政府担保的形式进入金融部门债务中，或以PPP合作模式进入非金融企业中。所以金融部门和非金融企业债务占比较高。

（4）从净资产来看，居民部门占全部经济体的104.10%，可见，英国的净国民财富绝大部分来自于居民部门（主要原因可能是英国属于私有制国家，居民财富相对较多）；非金融企业净资产占比0.96%，金融企业净资产占比3.55%，两个部门均实现了净收益，但收支基本相抵。政府部门的净资产为负，占全部经济的-8.62%，说明英国政府单位2016年当年收入来源不足以支撑当年的支出，出现财政赤字。

其次，从部门结构中还能进一步分析细分类占各部门的资产负债情况，如公共非金融企业非金融资产、金融资产和金融负债占非金融企业及占全部经济体的比重，以便更详细地反映各经济部门对全国的资产负债贡献。在此，由于内容庞大，本书不再详细分析。

针对地方政府，表4-2中显示地方政府的非金融资产中生产性非金融资产主要包括住宅以外的建筑物，其他建筑物，交通设备，信息与通信技术设备，其他机械、设备和武器系统，知识产权产品等固定资产；非生产性非金融资产主要包括土地和自然资源。地方政府部门没有住宅、栽培性生物资源和存货等生产性非金融资产以及合同租赁和许可证等非生产性非金融资产。自然资源的核算也相对狭窄，仅包括土地。金融资产包括货币和存款，债券，贷款，股权和投资基金份额，保险、养老金和标准化担保计划以及其他应收和应付款项。金融负债包括债券，贷款，保险、养老金和标准化担保计划和其他应收和应付款项四项，从金融负债范围来看，这一统计已经基本涵盖了地方政府直接举债的途径。基于本书文献综述中地方债的分类（见图1-2），债券对应第①类政府债券，贷款对应第②类借入款项，其他应收和应付款项对应第④类，保险、养老金和标准化担保计划对应第⑤类。可见，英国国家资产负债表中列示的金融负债已经涵盖了地方政府所有直接债务目录，或有负债不在表内确认，这也符合重要性原则。其中，债券和贷款作为直接显性债务，而其他应付款和保险、养老金缺口等作为直接隐性债务。而英国作为全球典型的以 PPP 模式为主的市场化融资国家，地方政府在 PPP 项目中未来可能的支出并未列示在政府债务中，这一项或有负债应当属于金融部门或非金融企业债务。因此，英国资产负债表中显示的地方政府债务是在不考虑或有负债情况下的保守估计。

由表 4-2 可知：

（1）2016 年英国地方政府非金融资产 377781 百万英镑，金融资产 190386 百万英镑，金融负债 211670 百万英镑，净值 356497 百万英镑，资产负债率（＝金融负债/（金融资产＋非金融资产））为 37.25%，说明地方政府利用债务进行运行的比例相对较低。

（2）从具体项目来看，英国地方政府的非金融资产主要由其他建筑物或设施（占比 59.86%），机械、设备和武器系统（占比 26.89%），知识产权产品（占比 1.09%）三类生产性非金融资产以及土地资源（占比 12.17%）一类非生产性非金融资产构成。金融资产主要由股权和投资基金份额（占比 68.43%），货币和存款（占比 18.61%），贷款（占比 9.09%），债券（占比 2.13%），其他应收款和应付款项（占比 1.4%），保险、养老金和标准化担保计划（占比 0.34%）构成。金融负债主要由贷款（占比 43.21%），保险、养老金和标准化担保计划（占比 32.45%），其他应付款和应付款项（占比 22.23%），债券（占比 2.10%）构成。从负债细类来看，英国地方政府债券融资规模仅占 2.1%。这些数据也验证了本书前文提到的英国主要是市场化融资方式，而非债券融资模式为主的国家。

（3）2016 年地方政府金融负债占政府部门的比例为 8.48%；地方政府金融负债占总经济体的比重为 0.67%。这说明英国地方政府直接显性债务规模非常小。相较而言，金融部门债务占总经济体的比重达到了 69.75%。这可能是英国金融业发达的表现，但也可能是金融部门债务中存在着由政府担保的隐性债务。

（二）英国国家资产负债表的项目结构分析

项目结构分析可以展示国家层面主要资产和负债来源，分析各资产负债的比例结构。从图 4-2 来看：

（1）在 2016 年全部经济体中，非金融资产占比 23.75%，金融资产占比 76.25%，如果将金融资产简单看作是流动资产，将非金融资产简单看作是非流动资产，那么英国整体的流动性较好。根据金融资产和非金融资产可以计算一国金融相关性比率（Financial Interrelation Ratio，FIR），即非常著名的衡量一国

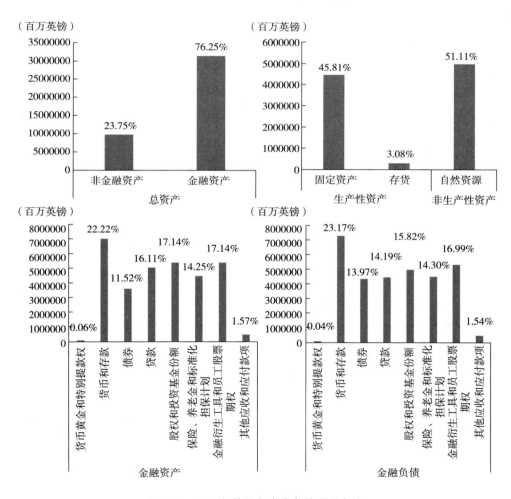

图 4-2　2016 年英国各资产负债项目占比

经济金融化程度的指标，公式为：金融资产/非金融资产。英国的金融相关性比率为3.21（表4-2中31535320÷9822758=3.21），是相对较高的比率。这不仅折射出英国作为全球最大的离岸金融市场和国际金融中心的事实，也从侧面体现了英国以金融业为支柱产业的经济结构。这里需要补充说明的是：金融相关性比率最早是由美国经济学家Goldamith和Lipsey于1963年提出的指标，而这两位经济学家正是国家资产负债表的最早倡导者和试编者。因此，后续研究中常采用金融资产/GDP、金融资产/GNP，或货币供应量M2/GDP等指标衡量一国金融相关性比率，都不完全符合Goldamith最初的意义，只是在无法清晰核算一国非金融资产时的简单替代。

（2）非金融资产反映了一国实体经济财务积累水平。在非金融资产中，生产性非金融资产占比48.89%，非生产性非金融资产占比51.11%，而英国非生产性非金融资产的内容仅包括土地资源。因此，仅土地资源一项资产占英国总资产的比例达到12.13%（表4-2中5018197÷（31535320+9822758）=12.13%）。可见，英国由于国土面积相对较小，"黄金土地"现象较为突出，也可能是英国其他自然资源相对贫乏。在此，本书认为还需要突出强调存货占非金融资产的比例这一指标，因为这一指标可以反映一国是否产能过剩。从英国情况来看，总资产中的存货占比为0.67%（表4-2中275513÷（31535320+9822758）=0.67%）。这一比例相对较低，说明2016年英国产能基本不存在过剩的情况，但这一指标在后续的长历史时期动态分析中反映的结果更有意义。

（3）在金融资产中，货币和存款占比最高，约22.22%，金融衍生工具和员工股票期权与股权和投资基金份额占比均为17.14%，贷款占比16.11%，保险、养老金和标准化担保计划占比14.25%，债券占比11.52%，其他应收和应付款项占比1.57%，货币黄金和特别提款权占比0.06%。

（4）在金融负债中，各类项目排序类似于金融资产排序，其中货币和存款占比最高，为23.17%。由此可见，英国属于流动性资产比例居高的国家，在金融资产和金融负债内，也是现金性资产>股票性资产>债券性资产的结构模式。

在此，本书仅是对国家资产负债表中资产负债项进行了简单的比例结构分析，足以看出国家资产负债表的"数据能量"。如进一步结合英国具体制度环境或在长历史时期上来看，则能获得更多英国国家层面的细节和动态。

综合来看，国家资产负债表在经济部门和资产负债项目上体现了清晰的平衡关系，即各部门汇总的经济体总净值等于总资产减去总负债的净值。这些关系的存在使国家资产负债表在反映国家总体经济指标上具有重要优势。

就地方债而言，从国家资产负债表的横截面分析，可以看出地方政府直接显性债务和直接隐性债务的总体规模，还能计算出地方政府债务占总经济体的比重，反映债务水平和风险。此外，还能通过不同部门间的债务占比，侧面折射出政府或有负债的存在。当然对于政府或有负债最好是通过政府资产负债表附注等形式单独说明，但现有的英国国家资产负债表体系还没有更细致的附注解释。

三、英国国家资产负债表时间序列数据分析

基于国家资产负债表数据，不仅可以进行某一时间点的截面分析，还可以从一段时间内观察和分析这些资产负债项的动态变化，进一步获得更多反映国民经济发展历程和未来发展方向的指标。

根据英国统计局国家资产负债表数据，汇总了2009～2016年英国国家资产负债表的内容及数据（见表4-3）。以2009年为起点，由于国民经济核算体系（SNA2008）最新版从2009年开始执行，各国基本均根据SNA2008进行了调整。以2016年为终点是由于各国以及国际货币基金组织披露时间存在差异，以国际货币基金组织披露的债务数据截止点为最晚时间。这样的区间选取能够为后续比较提供较为一致的基础。

图4-3从时间跨度描述了2009～2016年英国各类资产负债项的变化趋势，也进一步验证了在一国经济体中金融资产等于金融负债，净值等于非金融资产的逻辑关系。首先，非金融资产从2009年的7076081百万英镑增加到2016年的9822758百万英镑，增长了38.82%。其次，金融资产呈波动上升趋势，从2009年的26275680百万英镑增加到2016年的31535320百万英镑，增长了20.03%。与此相类似的，金融负债2009～2016年增长了19%，净资产2009～2016年增长了43.44%。可见净资产增长率高于债务增长率，说明英国经济运行相对良好，债务风险较低。

表4-3 2009~2016年英国国家资产负债表

单位：现价，百万英镑

项目\年份	2009	2010	2011	2012	2013	2014	2015	2016
非金融资产	7076081	7371565	7486672	7643871	8086768	8774967	9345913	9822758
生产性非金融资产	3215403	3480099	3445912	3460214	3748723	4296235	4740626	5021053
固定资产	3628637	3646892	3784086	3922180	4068137	4194189	4318059	4499377
住宅	1463284	1478002	1538936	1591320	1651956	1687577	1718973	1777834
其他建筑物或设施	1361024	1352211	1403122	1473893	1541710	1614972	1671620	1740374
住宅以外的建筑物	641786	681049	687272	691327	733216	795897	788356	809280
其他建筑物	719238	671162	715850	782566	808494	819075	883264	931094
机械、设备和武器系统	629375	639908	660065	672630	686116	702949	735701	794980
交通设备	86351	90078	90117	88968	92301	100167	110658	123812
信息与通信技术设备	28017	30376	31097	33311	33615	38468	42121	47201
其他机械、设备和武器系统	515007	519454	538851	550351	560200	564314	582922	623967
栽培性生物资源	6341	6077	6885	6970	6970	7351	7533	7612
知识产权产品	168613	170694	175078	177367	181385	181340	184232	178577
存货	232041	244574	256674	261477	269908	284543	287228	302328
非生产性非金融资产	3860678	3891466	4040760	4183657	4338045	4478732	4605287	4801705
自然资源	3213449	3478038	3443742	3457957	3746351	4293728	4737961	5018197
土地	3213449	3478038	3443742	3457957	3746351	4293728	4737961	5018197
合同租赁和许可证	1954	2061	2170	2257	2372	2507	2665	2856
从事特定活动的许可证	1954	2061	2170	2257	2372	2507	2665	2856
金融资产	26275680	28253226	30822542	29962284	28458926	29973984	28177318	31535320

续表

项目 \ 年份	2009	2010	2011	2012	2013	2014	2015	2016
货币黄金和特别提款权	15701	18159	19250	19342	16267	16677	16215	18258
货币和存款	6191547	6272929	6691325	6724752	6555614	6252119	6139730	7006232
债券	2627103	2760037	2897544	3007398	2949696	3321459	3281550	3632681
贷款	4776212	4921046	4809745	4824853	4778070	4651960	4646668	5080866
股权和投资基金份额	4016955	4480873	4206762	4421616	4751439	4894817	4972471	5403946
保险、养老金和标准化担保计划	2957767	2991411	3643281	3562460	3356763	4126802	4074838	4493246
金融衍生工具和雇员工股票期权	5279895	6421840	8165811	6958906	5600062	6251085	4577463	5404718
其他应收和应付款项	410500	386928	388823	442961	451017	459064	468381	495371
金融负债	26518632	28377482	31013692	30450224	28783116	30383026	28524646	31556596
货币黄金和特别提款权	9810	10098	10063	9637	9450	9406	9476	11072
货币和存款	6816631	6809740	7175082	7203296	6980438	6653509	6538618	7310806
债券	3255547	3408550	3648043	3702086	3563073	3979727	3977439	4406892
贷款	4366286	4479874	4331303	4531060	4459361	4346753	4213455	4477950
股权和投资基金份额	3495112	3929376	3731759	4094931	4462907	4642584	4668456	4990861
保险、养老金和标准化担保计划	2971546	3004359	3655534	3582210	3376811	4147622	4096408	4511382
金融衍生工具和雇员工股票期权	5200287	6353907	8082525	6897474	5491536	6146474	4558713	5362176
其他应收和应付款项	403411	381577	379383	429529	439541	456953	462082	485457
净值	6833129	7247309	7295522	7155931	7762578	8365925	8998585	9801482

注：本书基于篇幅所限，并未列示英国从1987年开始的所有数据，仅以此区间说明资产负债表数据的内容及变化。

资料来源：英国统计局网站。

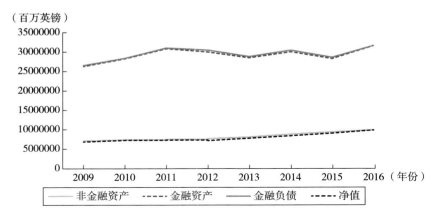

图4-3　2009~2016年英国资产负债变化趋势

本书进一步描述了2009~2016年英国各类资产、负债细分项的变化趋势。具体有以下两种：

（1）在生产性非金融资产中，固定资产呈缓慢上升趋势，而存货规模基本没有变化。这里反映一国产能过剩的总资产存货占比指标呈现出波动上升的趋势，说明英国虽然不存在大规模的产能过剩，但产能过剩的增长趋势已显现。在非生产性非金融资产中，以土地资源为主要内容的自然资源价值逐步上升，而合同租赁和许可证基本没有变化。由于一国土地资源基本是稳定的，英国地价的迅速上升从图4-3中清晰可见。具体地，土地资源价值从2009年的3213449百万英镑上升到2016年的5018197百万英镑，增长了56.16%。土地价值的变化是房地产价格变化的重要依据，也是宏观经济分析的重要参考（见图4-4）。

（2）从金融资产来看（见图4-5），短期内一国的黄金储备和特别提款权（SDR）是相对稳定的，以员工薪酬和税费等为主的其他应收款也变化较小。债券收入、保险收入、股权收入、贷款收入呈缓慢上升趋势，2015年后增长较为明显，或许是英国大选等特殊事件产生的影响。在2009~2016年，变化幅度较大的金融资产是金融衍生工具和员工股票期权，呈逐年上下波动趋势。这一项与经济和金融发展息息相关。这可能也反映了2009~2016年英国由于脱欧或其他事宜影响到了金融资产的变化。金融负债的各细类变化趋势与金融资产类似，不再细述。

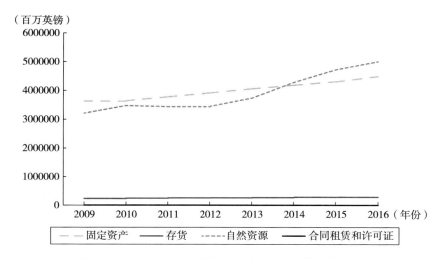

图 4-4　2009~2016 年英国非金融资产细项的变化趋势

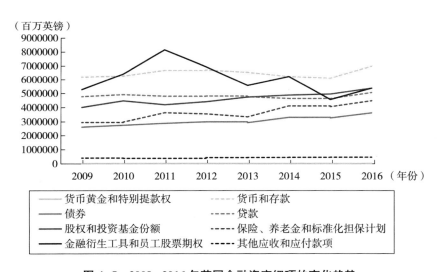

图 4-5　2009~2016 年英国金融资产细项的变化趋势

　　针对地方政府，本书再单独描述下地方政府的资产和负债趋势。图 4-6 反映了 2009~2016 年英国地方政府资产和负债的短期变化均呈增长趋势，其中非金融资产增长明显快于金融资产。结合图 4-7 非金融资产具体项的变化趋势，可见地方政府非金融资产的增长主要来自于建筑物和机械设备。合理推测，地方政府非金融资产的增长应主要是来自于资产的重估值或大力兴建基础设施或购买机械设备和武器系统。此外，从多年的数据中还可以计算各指标增长率，例如，2016 年地方政府金融负债增长率为 3.73%。

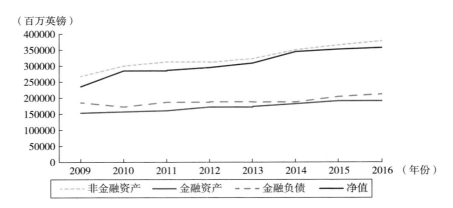

（百万英镑）

图 4-6　2009~2016 年英国地方政府资产负债变化趋势

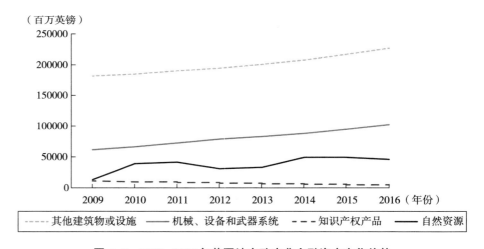

（百万英镑）

图 4-7　2009~2016 年英国地方政府非金融资产变化趋势

从地方政府金融负债来看（见图 4-8），虽然债券规模比例一直较低，但 2016 年较 2009 年增长了近 3 倍；2014 年其他应收和应付款项显著升高，2016 年较 2009 年增长了 78.75%；贷款规模 2009~2016 年上升较快，2016 年较 2009 年的增长了 38.37%；保险、养老金及标准化担保计划呈下降上升波动交替的趋势，2016 年较 2009 年下降了 25.36%。

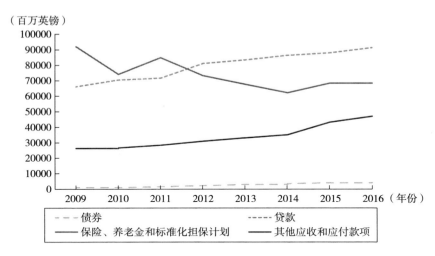

（百万英镑）

2009　2010　2011　2012　2013　2014　2015　2016（年份）

- - - - 债券　　　　　　　　　------ 贷款
——保险、养老金和标准化担保计划　——其他应收和应付款项

图 4-8　2009~2016 年英国地方政府金融负债细项变化趋势

四、英国国家资产负债表与 GDP 等数据的配比分析

除了截面分析和时间序列分析之外，国家资产负债表数据还可以与其他社会经济指标，如国内生产总值（GDP）、财政收入、社会人口等形成不同的比率，进一步丰富国家资产负债表反映的内容。

首先，本书比较了 2009~2016 年英国 GDP 规模和净资产增加额规模。其中，GDP 数据来源于 2017 年英国的《英国国民经济核算：蓝皮书》。所有指标均是按当年年末现价（current prices）获取，其中 GDP 以名义 GDP，即未剔除价格因素的水平衡量①。结果如图 4-9 所示。由图 4-9 可见，GDP 规模呈缓慢上升趋势，而净资产增加额变化差异较大，甚至在 2009 年和 2012 年为负值。一般认为国家 GDP 水平和净资产水平是流量和存量的关系，在相对宽松的条件下，净资产存量应当是每年 GDP 流量的累加，而净资产的增加额应当反映 GDP 增长规模。但从图 4-9 中可以看出 GDP 规模远高于净资产增加额。这说明英国的净资产扩张较慢，进一步反映出国家经济增长的财富积累效应偏弱，质量和效益偏低；也可能说明英国并非所有的 GDP 都会形成财富积累，GDP 测算中可

---

①　GDP 计算有收入法、支出法和购买法等多种方法，在此本书选取计算数值最大的支出法。计算公式为 GDP=居民消费+企业投资+政府购买+净出口。

能存在大量的无效投资，或者 GDP 的计算本身存在问题。这样的分析可以充分揭示出资产负债表分析的重要意义，即可以通过存量财富指标，间接衡量 GDP 增长的质量以及发展方式是否存在问题。

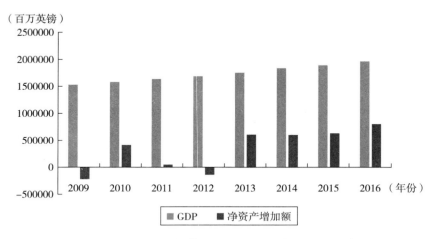

图 4-9　2009~2016 年英国 GDP 与净资产增加额的比较

其次，根据英国整体资产负债表及其中地方政府数据，本书计算了英国所有部门整体的负债率（见表 4-4）。通常而言，一国负债率主要是指政府部门债务总额与 GDP 的比值。在此，本书列示了所有部门债务总额与 GDP 的比值，也可以称为各个部门的杠杆率。具体体现在以下三个方面：

（1）英国政府部门的负债率为 0.81~1.27，包括政府和公共非金融企业（国有企业）在内的公共部门负债率为 0.95~1.39，政府或公共部门负债率已经超过国际警戒线 0.6 的标准，且呈逐年增长趋势。这说明英国整体债务风险是较高的，但单看地方政府部门负债率为 0.1~0.12，债务风险水平稳定，且远低于国际标准。这主要是由于英国对地方政府发行债券等举债行为控制较为严格。例如，2014 年苏格兰曾因为脱离英国成为主权国家进行公投而与英国中央政府爆发了长时间的"口水战"，而最终的结果是中央政府以允许苏格兰发债结束了这一对立关系。由此便可理解地方政府负债较低，而中央政府负债较高的现状。此外，公共部门与政府负债率的差值主要来自于国有非金融企业，差不多每年有 0.12 的负债率，这一数值已经与地方政府负债率相当，而国有非金融企业中不可能没有地方政府控制或管理的企业。英国属于典型的"小政府、大企业"的市场化运作模式，政府对企业干预较少。如果以中国的情况来看，地方政府不可能不管地方国有企业的负债。因此，从这一角度来看，研究地方债风险，不能仅从地方政府本身反映的债务风险来衡量，还需要考虑国有企业负债以及金融机构负债等与政府密切相关的债务，而这样的数据在更详细的资产负债表上显而易见。

（2）除政府部门外，金融部门和总经济体的负债率较高，但这一数据并不具有丰富的价值。这主要是由于英国以金融业为主要产业，金融部门的金融负债较多的同时，金融资产也非常多。因此，金融部门是可以收支相抵的，这从本书前文分析的金融部门净值为正可见。但如果在没有资产负债表的情况下，仅以金融部门负债总额占 GDP 水平来考察一个部门的负债率或杠杆率，那么可能会发生类似如此的"夸大效应"。而同样以国家整体负债总额占 GDP 的比值来看，英国已经达到 15.1~18.97，这是十分夸张的负债率。一方面可能是由于英国总经济体是各部门的直接加总，相当于重复计算了各部门的负债率；另一方面依然说明以金融部门负债总额占 GDP 比值来考虑债务风险存在弊端。

（3）英国居民及为居民服务的非营利机构负债率在 0.92~1.05，从动态来看，虽然呈下降趋势，但如果仅从居民负债占 GDP 的比值来看，这一范围已经远超国际 0.6 的标准。非金融企业同样如此。

表 4-4 2009~2016 年英国所有部门负债率指标

年份	非金融企业	金融部门	政府	中央政府	地方政府	居民及NPISH	公共部门	总经济体
2009	2.66	12.82	0.81	0.69	0.12	1.05	0.95	17.34
2010	2.70	13.31	0.93	0.82	0.11	1.01	1.07	17.96
2011	2.71	14.20	1.08	0.96	0.11	0.99	1.21	18.97
2012	2.71	13.28	1.11	1.00	0.11	0.97	1.24	18.07
2013	2.63	11.78	1.07	0.96	0.11	0.94	1.19	16.42
2014	2.67	11.77	1.17	1.07	0.10	0.92	1.30	16.54
2015	2.56	10.44	1.17	1.06	0.11	0.93	1.29	15.10
2016	2.66	11.22	1.27	1.16	0.11	0.93	1.39	16.09

这里，将进一步计算各部门的资产负债率，即总负债与总资产的比值，来比较各部门的差异以及比较资产负债率和负债率指标对一国经济描述的准确性（见表4-5）。具体分析有以下两个方面：

（1）一般而言，资产负债表低于1，即表示资产足以偿还债务，运行相对良好。政府资产负债率为0.96~1.03，其中，中央政府资产负债率为1.42~2.1，地方政府资产负债率为0.35~0.44。表明地方政府债务风险较低，而中央政府债务风险较高。政府资产负债率的结构虽然类似于负债率的分析，但从负债率来看，政府部门的债务风险是逐年增加的，而从资产负债率来看，政府部门的债务风险是逐年降低的。

（2）总经济体资产负债率小于1，可见英国总体可以实现收支相抵，甚至略有结余，债务整体风险远没有负债率的分析可怕。此外，金融部门同样类似于此，且非金融企业和金融部门的资产负债率均呈下降趋势。居民部门债务风险非常低。

表4-5　2009~2016年英国所有部门资产负债率指标

年份	非金融企业	金融部门	政府	中央政府	地方政府	居民及NPISH	总经济体
2009	1.02246	0.99535	1.02724	1.42702	0.44068	0.18847	0.99992
2010	1.00872	0.98740	1.02159	1.48059	0.37715	0.18299	0.99993
2011	1.02253	0.98799	1.03495	1.76193	0.39491	0.17768	0.99994
2012	1.03531	0.99792	1.03746	1.79392	0.38926	0.17447	0.99993
2013	1.00096	0.99277	1.00825	1.78996	0.37785	0.16923	0.99993
2014	1.01352	0.99684	1.01673	1.92329	0.35255	0.15900	0.99993
2015	0.96631	0.99911	0.96718	1.92839	0.36724	0.15656	0.99993
2016	0.98228	0.98442	0.99782	2.10889	0.37255	0.15228	0.99994

总结表4-4和表4-5可见，一国或一个部门或一个地区如果仅以负债总额占GDP的比值来考虑债务风险，并不能十分准确地描述现实。且不论GDP的核算是否存在"水分"，即使在GDP核算真实准确的前提下，GDP仅反映的是国家每年创造的价值或财富，而对于偿还债务而言，不仅依靠流量，还可以依

靠存量。因此，"资产"应当是在衡量债务风险或债务偿还能力时，被着重考虑的指标，而在现实情况中，无论是学术界还是实务界，主要关注的是负债率等收入类指标，而较少反映资产类指标。这也是本书研究提出的主要思想之一。

最后，结合英国 GDP 数据以及财政收入和人口总数等社会经济指标还可以计算一系列反映地方政府偿还债务能力和债务风险的指标。例如，金融资产与金融负债的比值可以形成流动比率，用于考察短期偿还债务的能力；金融负债与 GDP 的比值可以形成负债率，是国际通用的债务风险指标，国际警戒线为60%；金融负债与财政收入的比值可形成债务率，也是衡量债务风险的重要指标；负债总规模与人口总数的比值形成人均债务规模，成为衡量债务风险的指标。

基于此，本书以地方政府为例，进一步计算了英国债务结构和偿债能力指标，如表 4-6 所示。

（1）债务占比是指地方政府金融负债占总经济体负债总额的比重，可见，地方政府占全国总债务的 0.6%~0.7%，是比较低的水平，远低于其他经济部门。

（2）债务增长是当年地方政府金融负债总额与前一年地方政府金融负债总额增长的比率。2009~2016 年英国地方政府债务增长波动变化，平均增长率为 1.25%，呈增加趋势。从金融资产对金融负债的偿债能力来看，以流动资产占金融负债计算的流动比率整体低于 100%，短期偿债能力不足；从长期偿债能力来看，以金融负债总额占当年 GDP 计算的负债率相对较低，平均值为 11.01%，低于国际警戒线；以金融负债总额占当年财政收入计算的债务率也相对较低，平均值为 11.16%，低于国际 20% 的最低标准。净资产增长率是每年净资产相较于上一年的净资产的增长幅度，是衡量国民财富积累速度的重要指标，英国 2009~2014 年净资产增长率均为负值，2015 年激增到138.29%，后又降低。由此可以分析出，英国国民财富积累速度较慢，甚至在 2009~2014 年表现为负增长，即总资产扩张速度不及总负债的扩张速度。英国人均债务约为 0.3 百万英镑，这些指标显示英国地方政府的债务风险相对较低。

表4-6　英国地方债指标分析

单位:%，人均债务为百万英镑

年份	债务占比	债务增长	流动比率	负债率	债务率	净资产增长率	人均债务
2009	0.70	-4.26	82.71	12.13	12.22	-9.28	0.30
2010	0.61	-7.09	91.20	10.91	10.90	-52.70	0.27
2011	0.60	8.37	85.96	11.42	11.38	72.89	0.30
2012	0.62	0.66	91.41	11.15	11.27	-38.39	0.30
2013	0.65	-0.24	92.56	10.70	10.93	-13.64	0.29
2014	0.62	-0.03	97.03	10.21	10.42	-60.09	0.29
2015	0.72	8.85	93.50	10.80	11.06	138.29	0.31
2016	0.67	3.73	89.94	10.79	11.08	60.42	0.32
平均	0.65	1.25	90.54	11.01	11.16	12.19	0.30

第二节　澳大利亚国家资产负债表数据分析

为了反映国家资产负债表的跨国比较分析，本书进一步选择了国家资产负债表编制经验较为丰富的澳大利亚，进行国家资产负债表数据分析。

一、澳大利亚国家资产负债表情况

澳大利亚的国民经济核算同样开始得较早。从1960年开始，澳大利亚统计局就开始编制和发布季度和年度国民账户数据，从1995年开始澳大利亚统计局对外发布国家资产负债表，1997年开始发布部门资产负债表。目前，澳大利亚以SNA2008的最新国际标准为主，编制发布了国家层面的资产负债表，以及非金融公司、金融公司、一般政府部门、居民、为居民服务的非营利机构以及国外部门六个部门资产负债表。同样地，澳大利亚的资产负债表包括期初和期末时点存量的资产负债表以及期初期末之间的存量变化表。此外，澳大利亚除了用现价计算资产负债，从2001年开始以账面价格计算资产负债，且国家资产负债体系中均采用的是合并报表。

澳大利亚资源储量丰富，对资源环境的核算是国民经济核算的重点。因此，从资产负债项来看，澳大利亚的非金融资产披露十分详细，比英国的细分项多，尤其是非生产性非金融资产，即自然资源等资产披露较多。澳大利亚对其资源环境资产核算的技术也处于世界领先水平。

澳大利亚国家资产负债表并没有采用交易项目—部门的矩阵结构，而是采用不同年份下交易项目的单列项目。具体包括两种核算方式：一种是采用价值量计量，即以十亿美元为单位的计量；另一种是采用比例计量，即以前一年的基准的变化百分比计量。结合计价方式共形成四张全国性的国家资产负债表（见表4-7）。部分资产负债表也类似于此。

表4-7 澳大利亚国家资产负债表类型

计价方式	表格形式
以账面价格计价	国家资产负债表价值量表
	国家资产负债表比例量表
以市场价格计价	国家资产负债表价值量表
	国家资产负债表比例量表

二、澳大利亚国家资产负债表整体数据分析

为了与英国资产负债表整体数据进行比较，本书在此选取澳大利亚2017年6月发布的以现价计价的国家资产负债表价值量表（见表4-8）为依据，对澳大利亚2009~2016年的资产负债情况进行数据分析。其中，澳大利亚统计局的原始表格单位为十亿美元，为了与英国比较，本书调整为百万美元，且删掉了澳大利亚国家资产负债表中的备忘项目，即对外投资和外商投资。

表4-8 2016年澳大利亚期末国家资产负债表

单位：现价，百万美元

年份 项目	2009	2010	2011	2012	2013	2014	2015	2016
总资产	8905900	9915500	10201300	10423600	11108500	12021800	13204600	13765900
非金融资产	7745700	8651300	8866800	9020700	9490100	10234100	11085900	11558200

续表

年份 项目	2009	2010	2011	2012	2013	2014	2015	2016
生产性资产	4047300	4223500	4433400	4658400	4926800	5226300	5510400	5732900
固定资产	3889800	4067800	4266200	4487000	4756000	5054600	5337600	5561100
住宅	1385000	1445000	1502500	1545000	1602500	1684200	1776000	1866900
所有权转移成本	197800	217300	221900	219900	226600	248500	273800	285400
非住宅建设	1595700	1675100	1793200	1935300	2090800	2245700	2375000	2481200
机器和设备	497900	506600	508100	525500	556400	581400	607800	617400
武器系统	27800	27900	29400	33600	37100	41900	48200	51900
培养的生物资源	20700	20800	22200	22700	23000	23300	23500	23700
知识产权产品	164900	175100	188800	205000	219700	229600	233400	234500
研究和开发	72500	77700	82700	89000	94200	98500	100300	100100
矿产和石油勘探	61700	66300	72900	79800	87000	91100	90900	90100
计算机软件	28600	28800	30700	33400	35600	37000	39400	41500
艺术原件	2100	2400	2500	2800	3000	3000	2700	2700
存货	157500	155700	167200	171400	170800	171700	172800	171900
私人的非农场	135800	134100	144100	146900	146000	146500	147800	146300
农场	9500	9100	10200	10800	11200	11500	11600	11400
出版所有权	2900	3200	3300	3900	3700	3700	3400	4000
庄园建筑用材	9300	9400	9700	9800	9900	9900	9900	10200
非生产性资产	3698300	4427800	4433500	4362200	4563200	5007700	5575500	5825200
自然资源	3695600	4425400	4431400	4360500	4559800	5004700	5572900	5822600
土地	3225800	3900100	3873000	3741400	3920800	4287800	4857100	5171600
矿产和能源资源	459800	515000	547400	607600	624900	702000	700100	633900
本地木材	1900	1800	1900	1700	1600	1600	1700	1700
光谱	8200	8600	9200	9700	12500	13300	14000	15300
允许使用的自然资源	2700	2400	2100	1800	3400	3000	2600	2700
频谱牌照	2700	2400	2100	1800	3400	3000	2600	2700
金融资产	1160300	1264100	1334500	1403000	1618500	1787800	2118700	2207700

续表

项目 ＼ 年份	2009	2010	2011	2012	2013	2014	2015	2016
货币黄金和特别提款权	3200	9100	8200	8400	8000	8300	9800	9500
货币和存款	65300	60700	67700	60100	57000	66900	61000	77900
股票以外的债券	253600	266300	260600	308700	351900	356800	444300	554600
贷款和配售	175500	178800	193400	212900	243700	293200	379800	354100
股票和其他权益	573700	643900	699200	701600	845200	945900	1083500	1060400
保险技术准备金	11600	10600	12000	12300	13200	14000	14300	13000
其他应收账款	77500	94700	93600	99000	99500	102700	126100	138100
金融负债（包括股本）	1852600	2023200	2109400	2212500	2422200	2643000	2981100	3208100
货币黄金和特别提款权	900	5300	4600	4600	5000	5100	5600	5800
货币和存款	117200	119700	142100	158500	159500	195100	215600	246500
股票以外的债券	820000	934700	921700	1034300	1111700	1169500	1340900	1455800
贷款和配售	249900	219900	219000	223300	274700	314800	386000	421900
股票和其他权益	643400	721500	799200	766000	839800	920900	984600	1024900
保险技术准备金	1700	1800	2200	2200	2400	2600	2900	3000
其他应付账款	19500	20300	20800	23600	29200	35000	45400	50300
净资产	7053300	7892300	8091900	8211100	8686300	9378800	10223500	10557800

（一）澳大利亚国家资产负债表的部门结构分析

澳大利亚并没有非金融公司、金融公司、一般政府部门、居民部门、为居民服务的非营利机构以及国外部门六个部门和资产负债交易项目的交叉矩阵表。为了能与英国进行跨国比较分析，本书在不同部门资产负债表中收集了资产负债项内容，并形成了如图 4-10 所示的结构关系。

（1）在非金融资产中，居民和为居民服务的非营利机构（以下简称居民）占比 57.96%，非金融企业占比 26.30%，政府占比 14.30%，金融企业占比 1.37%，国外部门不存在非金融资产。澳大利亚的非金融资产集中于居民和实体企业。

（2）从金融资产来看，金融企业占全部经济体的 35.48%，居民占比

30.03%，非金融企业占比 7.56%，政府占比 5.67%，国外部门占比 21.26%。可见，澳大利亚的资金主要来自于金融部门存款和居民储蓄以及国外储备。

（3）从金融负债来看，金融企业占比 37.58%，非金融企业占比 25.52%，政府占比 7.89%，居民占比 14.37%，国外部门占比 14.63%。澳大利亚国家层面借债较为平均，金融部门和非金融企业部门相对较高，政府部门无论是在资产项还是负债项的体量都较小。

（4）从净资产来看，居民部门占全部经济体的 78.41%，居民部门占了澳大利亚国民财富的多数。非金融企业净资产占比 2.92%，政府部门净资产占比 11.39%，两个部门均实现了净收益。金融企业的净资产为负，占全部经济体的 -1.38%，说明澳大利亚金融企业 2016 年当年收入来源不足以支撑当年的支出，出现赤字现象。国外部门占比 8.65%，说明澳大利亚的外汇储备水平高于对外借债水平。

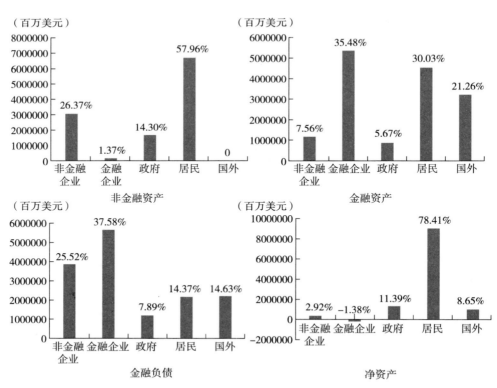

图4-10　2016年澳大利亚各部门资产负债结构

（二）澳大利亚国家资产负债表的项目结构分析

从资产负债项目来看，澳大利亚的固定资产包括住宅、所有权转移成本、非住宅建设、机器和设备、武器系统、培养的生物资源、知识产权产品。其中知识产权产品又细分为研究和开发、矿产和石油勘探、计算机软件、艺术原件。存货包括私人的非农场、农场、出版所有权、庄园建筑用材。自然资源包括土地、矿产和能源资源、本地木材、光谱、允许使用的自然资源、频谱牌照。因此，澳大利亚的非金融资产规模相对较大，且这些项目的范围均比英国的要细致。

图4-11展示了澳大利亚各资产负债项目的规模和结构。

（1）2016年澳大利亚总体经济体中，非金融资产占比83.96%，金融资产占比16.04%，非金融资产远高于金融资产规模。

（2）在非金融资产中，固定资产占比48.11%，存货占比1.49%，自然资源占比50.38%，可见，澳大利亚丰富的资源成为国家财富的重要保障。

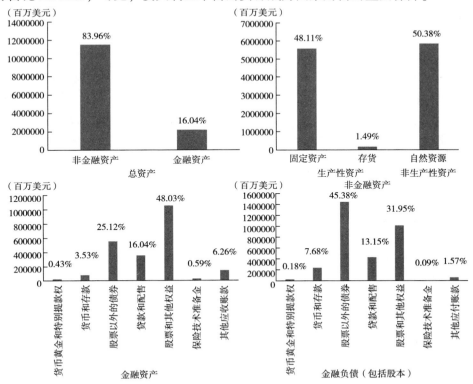

图4-11　2016年澳大利亚资产负债项结构

（3）在金融资产中，首先，股票和其他权益占比 48.03%，成为最主要的资金来源；其次，股票以外的债券占比 25.12%，贷款和配售占比 16.04%，其他应收账款占比 6.26%，货币和存款占比 3.53%，保险技术准备金占比非常少，仅为 0.59%，货币黄金和特别提款权占比 0.43%。

（4）在金融负债中，首先，股票以外的债券占比最高，为 45.38%；其次，股票和其他权益占比 31.95%，贷款和配售占比 13.15%，货币和存款占比 7.68%，其他应付账款占比 1.57%，保险技术准备金及货币黄金和特别提款权占比极低，分别为 0.09% 和 0.18%。这样的数据展示，一目了然地反映了澳大利亚各部门资产和负债的主要来源和去向，对于了解本国的资本结构具有非常重要的作用。

三、澳大利亚国家资产负债表与 GDP 等数据的配比分析

资产负债表数据结合其他社会经济指标可以进行政府偿债能力以及资本结构等分析。类似于英国，本书选取了澳大利亚统计局官方网站 2017 年的《国民经济核算》的 GDP、财政收入和人口指标，以及 2017 年国家资产负债表部门指标。所有指标均是按当年年末现价获取。

首先，本书同样比较了澳大利亚每年 GDP 规模和净资产增量规模。由图 4-12 可见，GDP 规模呈缓慢上升趋势，而净资产增加额变化差异较大。根据前文描述，国家 GDP 水平和净资产水平是流量和存量的关系，在相对宽松的条件下，净资产存量应当是每年 GDP 流量的累加，而净资产的增加额应当反映 GDP 增长规模。但从图 4-12 中可以看出 GDP 规模远高于净资产增加额。这说明澳大利亚国家经济增长的财富积累效应偏弱，也可能说明并非所有的 GDP 都会形成财富积累，或者澳大利亚的 GDP 测算中可能存在大量的无效投资。

其次，本书同样计算了澳大利亚所有部门整体的负债率（见表 4-9）。具体体现在以下五个方面：

（1）澳大利亚政府负债率为 0.37~0.72，呈逐步增加趋势，2009~2014 年澳大利亚政府债务风险较低，2015 年后逐步超过国际警戒线 0.6 的标准。澳大利亚属于联邦制国家，联邦政府对州和地方政府控制力较弱，澳大利亚并未详细公布中央政府和地方政府的差别。

（2）非金融企业的负债率为 1.92~2.32，金融部门负债率为 2.73~3.42，

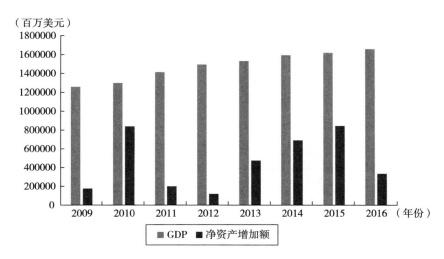

（百万美元）

图 4-12 2009~2016 年澳大利亚 GDP 与净资产增加额的比较

负债率水平相对较高，远超国际警戒线 0.6 的标准。

（3）居民及 NPISH 部门负债率在 1.15~1.31，变化相对较小，但也高于国际警戒线。

（4）国外部门负债率在 0.92~1.33，呈增长趋势，且高于国际警戒线。

（5）从总体经济体来看，澳大利亚整体的负债率为 1.47~1.93，也高于国际警戒线。

表 4-9 2009~2016 年澳大利亚所有部门负债率指标

年份	非金融企业	金融部门	政府	居民及 NPISH	国外部门	总经济体
2009	2.09	2.86	0.37	1.15	0.92	1.47
2010	2.12	2.95	0.45	1.20	0.97	1.56
2011	2.05	2.82	0.45	1.17	0.94	1.49
2012	1.92	2.73	0.58	1.16	0.94	1.48
2013	2.02	2.91	0.56	1.17	1.06	1.58
2014	2.10	3.05	0.58	1.20	1.12	1.66
2015	2.23	3.32	0.64	1.26	1.31	1.84
2016	2.32	3.42	0.72	1.31	1.33	1.93

但是，从资产负债率来看（见表4-10），澳大利亚只有金融部门的资产负债率高于1，总资产大于总负债，存在一定的债务风险。此外，非金融企业的资产负债率接近1，收支相抵，略有净值，而政府部门、居民部门、国外部门以及总经济体资产负债率比较低，债务风险相对较低。但相对于负债率反映的债务风险，资产负债率更能准确描述一国的债务水平。

表4-10 2009~2016年澳大利亚所有部门资产负债率指标

年份	非金融企业	金融部门	政府	居民及 NPISH	国外部门	总经济体
2009	0.92277	1.01963	0.26466	0.20493	0.62631	0.16897
2010	0.90148	1.03463	0.30654	0.19567	0.62480	0.17946
2011	0.90440	1.02337	0.32057	0.20277	0.63264	0.18268
2012	0.85290	1.02155	0.41772	0.20802	0.63412	0.18686
2013	0.85816	1.03261	0.39034	0.20514	0.66819	0.19687
2014	0.87500	1.03945	0.39555	0.19976	0.67643	0.20817
2015	0.89014	1.03852	0.42001	0.19341	0.71071	0.22545
2016	0.91935	1.02887	0.47484	0.19309	0.68816	0.23818

最后，根据澳大利亚国家资产负债表计算的债务结构和偿债能力指标如表4-11所示。各指标的计算方法与英国部分内容相同。其中，政府占全国总债务的20%~40%，评价占比31.29%，相对较低。债务增长先下降后上升，平均增长率为17.25%，呈增长趋势。从金融资产对金融负债的偿债能力来看，流动比率2009年和2010年高于100%，后比例逐渐较低，甚至低至70%。因此，短期偿债能力逐渐降低，表现为严重不足。负债率介于国际警戒线左右，而债务率相对较高，人均债务约为0.036百万美元。

表4-11 澳大利亚地方债指标分析

单位:%，人均债务为百万美元

年份	债务占比	债务增长	流动比率	负债率	债务率	净资产增长率	人均债务
2009	22.18	34.53	117.12	37.31	38.67	10.45	0.02
2010	25.83	24.75	101.96	45.09	46.91	1.57	0.03

年份	债务占比	债务增长	流动比率	负债率	债务率	净资产增长率	人均债务
2011	27.66	9.36	96.21	45.29	47.19	2.45	0.03
2012	36.65	36.46	70.96	58.39	60.23	-10.25	0.04
2013	33.49	-1.86	78.97	55.92	57.35	9.96	0.04
2014	34.13	8.81	78.55	58.49	60.06	6.46	0.04
2015	33.88	11.31	77.43	64.07	65.42	0.59	0.04
2016	36.46	14.62	71.80	71.75	73.40	-8.20	0.05
平均	31.29	17.25	86.63	54.54	56.15	1.63	0.036

总结来看，澳大利亚国家整体资产负债表及政府部门资产负债表同样可以进行丰富的数据分析，包括结构构成的截面分析、变化趋势的跨时间分析以及与 GDP 和财政收入等结合的偿债能力和债务风险分析等。

第三节　英国和澳大利亚国家资产负债表数据比较分析及总结

一、英国和澳大利亚整体编制上的比较

英国和澳大利亚都是国际上国家资产负债表编制体系较为完整、开展时间较早的国家，在国家资产负债表编制上形成了丰富的经验和本国特色。由于英国和澳大利亚的政治经济体制有所不同，两者在国家资产负债表编制的总体形式、编制内容上以及主要的核算关系上仍存在一定差异。

首先，英国的国家资产负债表主要核算国内各经济主体，在完整的表格上并未包括国外部门。在只考虑国内经济体的情况下，存在总经济体的所有数据＝非金融公司＋金融公司＋政府部门＋居民及为居民服务的非营利机构的合计数这一逻辑关系，包括非金融资产、金融资产和负债等都是横向各部门相加得到总经济体数据。而澳大利亚作为联邦制国家，可能更注重国外部门。因为联邦下不同州和地方属于相对独立的主体，在地方层面考虑对外部门就是考虑州等

以外地区。因此，国家经济体的总体非金融资产、金融资产和负债远小于非金融公司＋金融公司＋政府部门＋居民及为居民服务的非营利机构等部门的合计数，国家总经济体的金融资产（2207700百万美元）等于国外部门的金融负债；国家总经济体的金融负债（3208100百万美元）等于国外部门的金融资产。这一差异表现在表4-12中。由此可见，澳大利亚在核算方法上更为接近SNA2008的要求，也更符合经济活动的实质。

表4-12　英国和澳大利亚合并抵消关系的差异　　　　单位：百万美元

国家	项目	总经济体	非金融公司	金融部门	政府	居民和为居民服务的非营利机构	四个部门相加	国外部门
英国	非金融资产	9822758	3125676	145821	964755	5586506	9822758	
	金融资产	31535320	2185718	22213036	686564	6450001	31535320	
	金融负债	31556596	5217257	22010520	2495920	1832898	31556596	
	净值	9801482	94137	348337	-844601	10203609	9801482	
澳大利亚	非金融资产	11558200	3048100	158000	1652800	6699300	11558200	
	金融资产	2207700	1140500	5353200	855000	4531400	11880100	3208100
	金融负债	3208100	3850800	5670300	1190800	2168500	12880400	2207700
	净值	10557800	337800	-159100	1316900	9062200	10557800	1000300

其次，从编制形式来看，英国国家资产负债表体系较为完整：①英国形成了各经济部门和各资产负债交易项的矩阵结构表；②表内对各经济部门进行了详细分类，如非金融企业分为国有非金融企业和私有非金融企业；③将政府分为中央政府和地方政府，还将政府部门和国有非金融企业合并核算了公共部门。而澳大利亚整体国家资产负债表的编制没有使用交易项目和经济部门的交叉矩阵，导致各经济部门独立的资产负债表与总表存在数据不完全对应的情况，且澳大利亚未对经济部门进行细分，难以获取更小单位的资产负债情况。

最后，从编制内容来看，由于澳大利亚国土面积较大、国内资源物产丰富，所以更侧重于对非金融资产的统计和核算。澳大利亚国家资产负债表中的非金融资产核算非常细致，且存在市场价值和账面价值两种计价方法。而英国国内面积相对较小，资源相对缺乏，对非金融资产的核算较为粗略。此外，英国属于老牌资本主义国家，国内金融业发达，更加注重对金融资产和金融负债的核算。

二、英国和澳大利亚具体项目和结构比较

通过对英国和澳大利亚国家资产负债表编制实践的具体分析，发现两国国家资产负债表虽然均依据国际 SNA2008 标准编制，但本国的政治体制、资源经济特征等对国家资产负债表体系中的资产负债项目以及编制范围等具有重要的影响。也由于这一前提，简单比较两国各种资产负债表项目的数据意义并不是十分重大，但以此说明国家资产负债表的跨国可比性仍十分重要。因此，本书在此主要以各种结构和比例关系进行两者的国际比较。

首先，以 2016 年末这一时点，描述了各经济部门的资产负债占全部经济体的比例（见表 4-13）。需要指出的是，由于英国并未核算国外部门，而澳大利亚统计了国外部门，为保证比较的统一性，在此澳大利亚数据剔除了国外部门后计算了相应比例。从表中体现以下四个方面：

（1）非金融资产中英国和澳大利亚的部门结构比较类似，均是居民占比最高，说明居民住宅等固定资产是非金融资产的主要来源。这启示我国也应该加强对居民资产的核算和统计，尤其是在我国人口基数大的背景下。澳大利亚政府部门的非金融资产比例高于英国，主要是由于澳大利亚对政府所拥有的自然资源核算更为详细，除了英国统计的土地资源外，还核算了矿产资源、木材森林资源等有经济价值的资源。对一国资源的核算可以扩大非金融资产规模，进而提升国家资产负债比，提高国家经济的稳定性。但是否需要以自然资源资产转换为经济发展核算的其他资产，还要国家统筹考虑，正如本章开篇案例所言，以损耗森林资源换取现金偿债，可能不利于一国长期发展，但当面临债务危机时，拥有森林等非金融资产仍具有较高的价值和偿债能力。

（2）在金融资产方面，英国的资产更为集中，而澳大利亚更为分散。具体地，英国金融部门掌握着国家 70% 以上的资金。而澳大利亚虽然金融部门也是占比最高，为 45.06%，但同时，居民部门也拥有较高的金融资产比例，为 38.14%，两者相差较少。这可以简单解释为，英国更多的是"国家有钱"，而

澳大利亚则是"人民也有钱"。在这种情况下,相对而言,英国的资金流动性和灵活性更高,但金融部门一旦发生系统性风险影响也会更大。此外,这样的结构还会影响一国的消费和投资水平。

(3)在金融负债方面,同样存在以上情况,即英国的更为集中化,金融负债主要集中于金融部门,而澳大利亚的相对分散,金融部门、非金融企业以及居民部门负债水平依次降低,但相差不大。相较而言,松散型的负债结构可能更利于国家经济的稳定性。通过上述分析发现,金融部门对英国而言尤为重要,英国更应该加大对金融部门的管理和监督,以避免发生大规模的金融危机,直接威胁国家运作。

(4)在净资产方面,从一国的国民净财富来看,英国政府部门出现赤字,而澳大利亚政府净资产占比12.47%,其中核心差异就可能来源于是否详细核算各类自然资源。英国居民部门对净资产的贡献超过100%,说明英国的国民财富主要来自于居民部门的净值。澳大利亚的金融部门净值为-1.51%,负债程度高于资产总额,出现赤字。非金融公司一年运营后大体上收支相等,澳大利亚略有结余。

表4-13 2016年英国与澳大利亚部门结构分析   单位:%

内容		英国	澳大利亚
非金融资产	非金融公司	31.82	26.37
	金融部门	1.48	1.37
	政府部门	9.82	14.30
	居民部门	56.87	57.96
金融资产	非金融公司	6.93	9.60
	金融部门	70.44	45.06
	政府部门	2.18	7.20
	居民部门	20.45	38.14
金融负债	非金融公司	16.53	29.90
	金融部门	69.75	44.02
	政府部门	7.91	9.25
	居民部门	5.81	16.84

内容		英国	澳大利亚
净资产	非金融公司	0.96	3.20
	金融部门	3.55	−1.51
	政府部门	−8.62	12.47
	居民部门	104.10	85.83

其次，描述了 2016 年英国和澳大利亚资产负债项目的结构差异（见表 4-14），主要体现在以下四个方面：

（1）英国和澳大利亚非金融资产项目结构较为类似，但英国仅土地资源一项就占非金融资产的 51.09%，可见英国的土地资源市场价值较高。澳大利亚包括矿产资源、森林资源和土地资源在内的自然资源一共占非金融资产的 50.38%，可能是由于澳大利亚地广人稀，土地价值不及英国。

（2）在金融资产和金融负债中，最明显差异是英国的货币和存款占比较高，而债券占比较低；澳大利亚货币和存款占比较低，而债券占比较高，尤其是澳大利亚的债券融资达到了 45% 以上。这一点充分地说明了英国是以市场化投融资模式为主，而澳大利亚是债券化投融资模式，这与本文制度背景中介绍的一致。

（3）英国保险、养老金和标准化担保计划远高于澳大利亚，这一项的金融资产表现为保单持有人或受益人，金融负债表现为保险人、养老金及标准化担保发行人。

（4）澳大利亚没有单独核算金融衍生工具和员工股票期权，将其合并于股票和其他权益中，除此差异外，货币黄金和特别提款权、其他应收和应付账款差异不大。

表 4-14　2016 年英国和澳大利亚资产负债项目结构分析　　单位：%

内容		英国	澳大利亚
非金融资产	固定资产	45.81	48.11
	存货	3.08	1.49
	自然资源	51.09	50.38

续表

内容		英国	澳大利亚
金融资产	货币黄金和特别提款权	0.06	0.43
	货币和存款	22.22	3.53
	债券	11.52	25.12
	贷款	16.11	16.04
	股票和其他权益	17.14	48.03
	保险、养老金和标准化担保计划	14.25	0.59
	金融衍生工具和员工股票期权	17.14	
	其他应收账款	1.57	6.26
金融负债	货币黄金和特别提款权	0.04	0.18
	货币和存款	23.17	7.68
	债券	13.97	45.38
	贷款	14.19	13.15
	股票和其他权益	15.82	31.95
	保险、养老金和标准化担保计划	14.30	0.09
	金融衍生工具和员工股票期权	16.99	
	其他应付账款	1.54	1.57

三、英国和澳大利亚部门债务风险的比较

比较英国和澳大利亚以债务总额占 GDP 计算的负债率发现，英国政府部门负债率明显高于澳大利亚近 0.4，这与国际货币基金组织全球政府债务数据库对英国和澳大利亚的描述相近，具体见本书后续第四节表 4-16。说明英国整体政府债务风险已超过国际警戒线，而澳大利亚政府负债率相对较低。此外，英国的非金融企业负债率高于澳大利亚，但相差不大；金融部门远高于澳大利亚，进一步显示了英国金融业发达的现状；而英国的居民及 NPISH 部门的负债率明显低于澳大利亚，这也与前文分析一致，且英国居民部门的净资产较高。结果如图 4-13 所示。

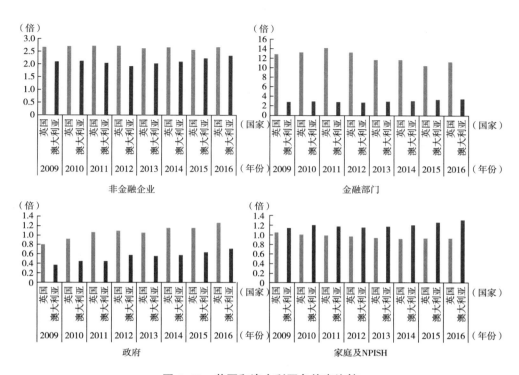

图 4-13　英国和澳大利亚负债率比较

从资产负债率来看（见图 4-14），非金融企业、政府部门、居民及 NPISH 部门的趋势与负债率比较一致。其中，以资产负债表比较的英国政府部门债务风险更高，与澳大利亚差异更大。而从金融部门来看，情况则完全相反。以负债率比较的两国金融部门，英国显著高于澳大利亚；而以资产负债率比较的两国金融部门，澳大利亚则高于英国。因此，从这一点反映出负债/GDP 计算的负债率可以说明一个部门每年偿债能力或债务风险水平，但不见得完全准确，应当与一个部门的资产负债率结合来看，才能判断一个部门债务水平是否过度，是否有足够的能力偿还债务。

对英国和澳大利亚进行比较分析，发现在统一、完整编制国家资产负债表的基础上，可以进行多方位的跨国比较分析。这样有利于了解一国在国际上的真实发展水平和发展地位。同样的道理也适用于地区间的比较分析，这对于后续研究我国地方债务水平具有重要的借鉴意义。

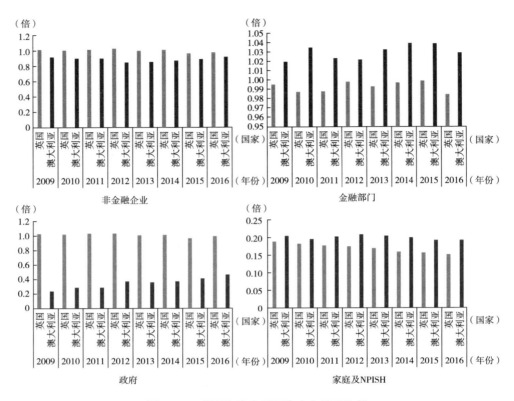

图4-14 英国和澳大利亚资产负债率比较

第四节 国际货币基金组织发布的
全球地方政府债务趋势

比较了英国和澳大利亚国家资产负债表内容下所反映出的政府债务差异后，本文以此类推全球的情况，从而有利于了解全球地方政府债务现状。但由于数据收集的难题，本文以国际货币基金组织披露的数据进行说明。国际货币基金组织于2016年更新的全球债务数据库（Global Debt Database，GDD）[①]，详细披

---

① 国际货币基金组织发布的全球债务数据库（Global Debt Database，GDD）是建立在历史公共债务数据库（Historical Public Debt Database，HPDD）基础上的改良版，进一步区分了中央政府和一般政府，并且完善了私人债务数据。

露了全球 196 个国家从 1850 年至今的公共债务数据，是目前全球范围内，时间跨度和横截面地区跨度最大的债务信息数据库，具有全面覆盖的特点（Mbaye et al.，2018）。为了达到广度和深度的要求，国际货币基金组织在广义政府债务和狭义政府债务之间进行了中和①。由于国际货币基金组织对政府概念进行了调整，因此，本书认为国际货币基金组织公布的地方政府债务数据仅能作为趋势分析。

在此债务数据库（GDD）中，发达经济体的中央政府和一般政府债务数据主要依据于国民经济核算体系（Systerm of National Account 2008，SNA2008）②，即作为债务工具的所有负债的总存量。主要内容为贷款，债务证券，货币和存款，保险、养恤金和标准化保证计划，其他应付账款，特别提款权。这其实就是各国国家资产负债表中的总负债（Total Debt）。国际货币基金组织全球债务数据库参考文献中指出，国民账户（SNA2008）下的部门性财务账户由于覆盖面积广，且基于一致的假设（同质性强），信息更准确等特点，是债务负债的最佳数据来源。基于国民经济核算体系下的债务数据也更能体现债务数据对宏观经济的影响。由于国际货币基金组织采用的是 SNA2008 国家资产负债表的统一标准，以此也能说明国家资产负债表的重要作用。

本书在此主要选择 2009~2017 年国际货币基金组织公布的一般政府债务数据，删除了缺失的数据，最终得到 84 个国家 9 年的数据，进行了全球性的地方政府债务比较分析。数据来自于 IMF E-Library 统计数据库③。

表 4-15 显示了 IMF 公布的地方政府债务数据的描述性统计分析。由于 IMF 以各国一般政府负债率（即债务余额占国家 GDP 的比重，D/G）为统计指标，国际上通用的政府负债率警戒线为 60%。据此分析，最大值和最小值间相差近 100 倍，说明全球各国负债率差异较大。从均值来看，2009~2017 年全球负债率呈持续上升趋势，且逐渐逼近全球 60% 的警戒值。从分位数来看，超过 25% 以上的国家负债率明显超过警戒值，债务风险凸显。

---

① 国际货币基金组织并未指出如何对广义政府和狭义政府进行中和，本书对此仅做趋势分析。

② 此外，IMF 还利用各国统计当局信息以及学者研究和国际组织公开出版物进行了核对。

③ 数据网址为 http://data-imf-org.vpn.ruc.edu.cn/? sk = 388DFA60-1D26-4ADE-B505-A05A558D9A42。

表 4-15　IMF 一般政府债务描述性统计分析（N=84）　　　单位:%

年份	最小值	1/4 位数	中位数	3/4 位数	最大值	均值
2009	2.44	27.8608	40.6585	63.6968	245.49	50.7978
2010	4.04	29.0566	42.3429	64.7025	233.97	52.4026
2011	6.07	28.8065	45.0007	68.7646	222.09	53.596
2012	7.44	30.5037	44.6819	70.2296	229.01	54.5386
2013	8.3	30.7699	44.7452	74.2972	232.47	55.827
2014	8.74	32.3294	46.1396	75.0398	236.07	56.5682
2015	9.2	34.2936	50.7706	74.5075	231.26	57.3332
2016	9.42	36.2632	50.7438	73.1572	235.59	57.3299
2017	8.98	33.7549	50.0451	71.131	237.65	56.4831

表 4-16 进一步展示了全球主要国家负债率的情况（括号里的数字为负债率全球排名）。从负债率来看，日本常年负债率超过 200%，2010 年后世界排名第一，希腊和意大利紧随其后，美国、法国、加拿大、英国和德国也都属于高负债国家，均高于国际警戒线，澳大利亚和中国的负债率相对较低。从趋势来看，德国负债率显著下降，其他国家的负债率均呈上升趋势。

表 4-16　IMF 主要国家负债率及排名　　　单位:%

国家＼年份	2009	2010	2011	2012	2013	2014	2015	2016	2017
日本	201.04 （2）	207.85 （2）	222.09 （1）	229.01 （1）	232.47 （1）	236.07 （1）	231.26 （1）	235.59 （1）	237.65 （1）
希腊	126.7 （4）	146.24 （4）	180.56 （2）	159.58 （2）	177.94 （2）	180.21 （2）	178.77 （2）	183.45 （2）	181.77 （2）
意大利	112.55 （5）	115.41 （5）	116.52 （5）	123.36 （5）	129.02 （4）	131.78 （3）	131.51 （3）	132.04 （3）	131.83 （3）
美国	86.85 （8）	95.55 （7）	99.87 （9）	103.34 （9）	104.88 （8）	104.58 （7）	104.79 （7）	106.84 （5）	105.20 （5）
法国	83.03 （10）	85.26 （11）	87.83 （11）	90.60 （10）	93.41 （12）	94.89 （10）	95.58 （9）	96.59 （10）	96.80 （10）

续表

年份 国家	2009	2010	2011	2012	2013	2014	2015	2016	2017
加拿大	79.28 (13)	81.10 (13)	81.51 (13)	84.84 (13)	85.79 (13)	84.96 (14)	90.55 (10)	91.15 (11)	89.73 (11)
英国	63.74 (21)	75.24 (16)	80.80 (14)	84.09 (14)	85.15 (14)	87.01 (11)	87.88 (12)	87.91 (12)	87.52 (12)
德国	72.58 (16)	80.95 (14)	78.62 (16)	79.84 (16)	77.51 (19)	74.59 (22	70.90 (24)	67.90 (26)	63.85 (27)
中国	34.35 (55)	33.74 (60)	33.64 (60)	34.27 (57)	37.00 (53)	39.92 (51	41.07 (52)	44.18 (46)	46.96 (45)
澳大利亚	16.79 (76)	20.52 (75)	24.15 (71)	27.77 (68)	30.73 (64)	34.15 (62)	37.84 (57)	40.63 (51)	40.81 (49)

第五章

国家资产负债表反映和治理
地方债的指标体系

第一节　国家资产负债表的宏观经济价值

完整的国家和地方资产负债表承载着巨大的"能量"，不仅是刻画社会广义财富、摸清"家底"最有效的工具，还是揭示和预防风险，化解地方债的有力手段；而且能服务政府管理、提升国家治理水平；并有利于进行跨地区、跨国横纵向比较。通过英国和澳大利亚国家资产负债表的展示和比较，本书认为国家资产负债表可以进行如下经济分析：

首先，国家资产表可以展示国家层面和部门之间的比较指标。即国家资产负债表可以从国家层面展示总资产、总负债、金融资产、非金融资产、净资产以及这些资产负债一年内的变化情况。这样的分析还可以进一步展示政府部门、金融部门、非金融企业、居民等所对应的各项指标在国家层面上的占比。这样的宏观经济指标可以反映一国资产和负债的结构构成以及国民财富的主要来源。

其次，国家资产表可以展示与其他内容关联性指标。即国家资产负债表可以通过内部数据之间的比例关系，反映各个部门诸如负债率、债务率、人均债务等关联性指标，从而反映一国经济发展状态。国家资产负债表也可以通过资产负债表表内数据与人口等社会经济数据整合分析，反映更多人均指标以及发展速度指标，如人均国民财富、人均自然资源资产量等。

再次，国家资产负债表可以展示跨地区的比较指标。如采用较为统一的编制方法和原则披露全国及地方资产负债表，便可针对全国各地区资产和负债结构信息进行跨地区比较，以反映出国家财富和资产的区域分布和各地区债务规模、债务结构和债务效益等问题。当国家资产负债表编制方法和编制技术逐渐成熟时，还可与世界其他国家进行相关资产、负债项内容的国际比较。

最后，国家资产负债表内容可以展示宏观经济信息时间序列指标。完善的全国和地方资产负债表信息可以比较各部门之间、各地区之间资产负债项目在时间上的变化及相对差异，以及各种资产负债表项目的增长率等，从而展示一国经济发展历史变化和财富积累的时间趋势。

第二节　国家资产负债表反映和
治理地方债的指标体系

前文关于地方债规模和风险的测量方法的文献综述，指出当前国内外关于地方债的适度规模并没有唯一合适的计算方法或模型；关于地方债风险，目前国际通用的主要是负债率，即地方政府负债总额和国内生产总值的比值，但国际上主要是针对国家层面，关于地方政府债务/GDP 比值多少合适，目前尚无定论。此外，虽然地方政府债务/GDP 比值一定存在一个阈值或合适区间，但国民经济各个部门是相互影响的，一个部门的债务变化会影响到其他部门债务状况，如果政府为了降低政府部门债务占 GDP 的比值，很可能就会增加其他部门债务占 GDP 的比值。因此，仅从一个指标研究合理区间的思路难以从经济总体反映地方债合适范围。除了单一指标分析外，已有研究也有针对地方债规模和风险的指标体系构建分析，但主要内容是针对债务与收入类型的指标（徐家杰，2014；胡娟等，2016；朱文蔚，2019；等等）。

由于各经济部门间存在着资产负债"此消彼长"的关系，研究地方债风险指标应该将总量分析和部门分析相结合，存量分析和趋势分析相结合。从资产负债表角度分析地方债务风险指标能更深入、全面地透视债务规模和风险。基于此，本书根据国家资产负债表理论和国家资本结构等理论基础，以英国等国资产负债表业务实践分析为参考，构建了国家资产负债表评价地方债的指标体系。

一、反映地方政府债务总体规模

联合国 SNA2008 标准以及英国和澳大利亚资产负债表实践显示：地方政府

总债务规模包括债券，贷款，保险、养老金和标准化担保计划，其他应付款项四类，以本书较全的地方政府债务分类（见图1-2）来看，基本涵盖了地方政府的直接债务，包括直接显性债务（债券和贷款）以及直接隐性债务（保险和养老金缺口及其他应付款）。债务担保、PPP预期支出、银行或国有企业不良贷款等或有债务并未纳入表内，这与国际上公共部门会计准则及企业部门对或有负债的规定相类似。需要指出的是，或有负债应当在表外附注等地方披露，一旦符合特定条件时，应当作为或有负债项披露，但目前国际上少有对或有负债的处理。

二、反映地方政府债务总体风险的指标

借鉴国际通用做法，本书将地方政府负债率和债务率作为衡量地方政府债务总体风险的指标。

（一）负债率

国际上通常将年末政府债务余额与当年名义GDP的比值作为一国负债率（也称债务负担率），反映经济总规模对政府债务的承载能力。当前，欧盟《马斯特里赫特条约》规定负债率的安全标准是低于60%，这一阈值成为当前国际广泛运用的标准。借鉴这一指标，地方政府负债率应为地方政府当年末债务余额与当地名义GDP的比值，以资产负债表内项目反映地方政府部门的金融总负债与GDP比值。该比值越大，反映经济对政府债务的承载能力越弱。

（二）债务率

这也是国际最常用的考察一国债务风险的指标，主要是一国年末政府债务余额与当年政府综合财力或财政收入的比值。其中，政府综合财力一般包括一般公共预算收入、政府性基金收入、上级补助收入、国有资本经营预算收入，财政收入大口径范围与政府综合财力相同，小口径范围为地方政府可支配收入，即一般公共预算收入。目前，国际上公认的债务率标准是低于100%，个别国家要求更低。借鉴这一指标，地方政府债务率应为地方政府当年末债务余额与当地政府综合财力的比值，以资产负债表内项目反映地方政府部门的金融总负债与综合财力比值。同样地，该比值为负向指标，即数值越大，反映经济对政府

债务的承载能力越弱，政府债务的可持续性越弱。

（三）人均债务

国际上，人均债务规模也是反映一个国家或地区的债务压力的直接指标。计算公式为一国当年政府债务余额与全国人口数的比值。数值越大，表明每个人需要承担的政府债务规模越大。具体到地方政府，人均债务表达为各地区政府债务规模与当地人口规模的比值。由于各国 GDP 和财政收入核算存在一定差异，且国际上认为大部分国家这两项核算存在一定"水分"，因此，人均债务是进行跨地区和跨国比较更为直接和显著的指标，也是衡量各地区政府债务相对规模的重要指标。

（四）资产负债率

这一指标在企业主体中属于重要的债务衡量指标，但由于国际上对国家和地方政府资产统计不足及数据缺失，衡量和使用得较少。因此，在国家资产负债表编制和数据披露的基础上，这一指标成为地方政府总体债务水平和风险的重要衡量指标。具体而言，资产负债率表达为各地区当年年末总负债与年末总资产的比值，在地方政府资产负债表上数据表现为金融负债与非金融资产和金融资产合计数的比值。该指标衡量的是一个地区利用举债进行运营的能力，因此数值越低越好，以企业标准来看，一般为 50% 或以下为最佳资产负债比。

（五）金融资产负债率（也可称为流动比率）

流动比率是用来衡量企业流动资产在短期债务到期以前，可以变为现金用于偿还负债的能力。从一个国家或地区层面来看，非金融资产，尤其是自然资源资产是难以变现的，或基于环境和社会效益不能变现的资产，而金融资产是相对流动性强、时间短的资产类型，以金融资产与金融负债的比值衡量一个地区的短期偿债能力，是十分必要的指标。

三、地方政府债务结构分析指标

负债率、债务率以及人均债务规模衡量的是地方政府债务的相对规模和相对风险，即使这些指标相同或接近，地方政府的债务结构也可能差异巨大，造成的影响以及对地方债管理的要求也会有所差异。此外，政府部门举债方式多种多样，负债形成种类也非单一，因此，需要进一步分析地方政府债务内部结构，具体包括经济部门间结构以及地方政府内部结构。

（一）政府债务比

该指标衡量的是地方政府部门作为独立经济体，债务规模占全国总经济体债务规模的比重。该指标反映政府部门在全国经济体中的债务体量，一般而言，政府并不是实体生产部门，政府债务比应当相对较低。从国家综合资产负债表和政府部门资产负债表中表现为政府金融负债占国家整体金融负债的比例，反映政府负债在全国的比例结构。

（二）直接债务比

在政府债务分类中，政府发行证券和向金融部门借入款项形成的直接债务一般数据准确、披露清晰。该指标主要是指直接债务余额与全部债务余额的比值，数值越大，反映政府承担的偿还责任越大。在地方政府资产负债表中表现为债券与贷款的合计数与全部债务规模的比值。计算政府直接债务比，有利于政府控制隐性负债规模，加强直接债务管理。类似于这一项，地方政府还可以形成各单项债务比，例如，债券占比、贷款占比、应付款占比、保险和养老金缺口占比等，以此更加详细、具体地反映一个地区的债务内部结构以及了解各地区的政府主要融资方式，有针对性地分析利弊和进行调整。

（三）短期债务比

凡是债务必要偿还，必有偿还时间。参照企业主体的短期负债和长期负债，政府部门的债务也有时间偿还期限的区分。虽然目前在政府资产负债表上不显示债务偿还时间，但未来在建立财务报表综合体系中应包括报表附注，需要注明债务相关细节，例如，债券的发行年限及利率等。在此背景下，可进一步构建短期债务比指标，反映短期债务占所有债务的比例，展示政府部门当前和未来的还款压力。

（四）逾期债务率

当了解政府债务的还款期限后，便可计算逾期债务率，即年末逾期债务余额占年末债务余额的比重。该指标越大，反映政府到期不能偿还债务的比重越高，政府发生偿付危机的可能性越大，政府债务可持续性越差。如果这一指标极高，在没有中央政府担保的情况下，地方政府可能存在破产风险。

四、地方政府债务时间序列分析指标

以上指标分析都是政府某一年时点上的截面分析，如果从地方长期发展，尤其是在地方政府领导任期内来看，研究和分析时间序列上的债务指标则尤为重要。长时间内的债务分析主要表现为增长率的动态变化趋势，具体包括以下四个方面。

（一）债务增长率

通常债务增长率表达为本年较上一年的增长幅度，在资产负债表中反映为本年政府金融负债与上年金融负债的差额占上年负债的比值，但也可以计算相对于某一年，当年的债务增长率，如 2016 年相对于 2009 年的债务增长率，反映 2009~2016 年债务的变化趋势；还可以计算一段时间内的平均债务增长率，反映一段时间内的债务平均变化趋势。该指标越小越好，如果为负值，那么代表债务规模正在逐年降低，但由于债务需求一般随经济增长而扩大，长期来看，债务增长率一般为正值。

（二）负债率增长率

这一指标考察的是前文负债率的变化趋势，即地方政府债务余额增长率与当地 GDP 增长率的比值，反映债务增长与经济增长的相对变化水平，揭示政府长期对债务的承受能力。该指标越低，说明政府债务余额的增长速度慢于经济的增长速度，政府的承债能力越强。

（三）债务率增长率

与上一个指标相似，该项反映地方政府债务余额增长率与当地财政综合财力或财政收入增长率的比重。同样，该指标越低，说明政府债务余额的增长速度慢于财政收入增加速度，政府的承债能力越强。

（四）人均债务增长率

该指标为当年人均债务规模与上年人均债务规模的差额占上年人均债务的比值，反映人均债务的变化趋势。该指标越小越好，当数据为负值时，说明人均债务规模在逐步缩小。

此外，各种债务结构指标等也可以进行时间序列分析，如债券占比的变化趋势等，本书在此不再详列。

五、反映地方政府偿债能力的指标

从地方债治理角度来看，最为关心的是地方政府的偿债能力。一般而言，地方政府的偿债能力包括短期偿债能力和长期偿债能力。由于企业主体一般是将一年作为长期和短期的区别，但对于地方政府而言，这一时间不好确定，本书将截面的指标作为短期或静态偿债能力分析指标，将时间序列下的指标作为长期或动态偿债能力分析指标。

（一）短期静态偿债能力指标

首先，上文提到的负债率、债务率、金融资产负债率（流动比率）等属于短期静态偿债能力指标；其次，根据国家资本结构理论分析，参考企业主体，还可以用总资产收益率来衡量地方政府偿债能力。总资产收益率为当年地方政府净资产余额与本年平均资产总额的比值。在政府资产负债表中，净资产表现为总资产减总负债的差额，即财富净值。这一指标强调的是资产负债结余的情况。

（二）长期动态偿债能力指标

首先，上文提到的负债率增长率、债务率增长率等属于长期动态偿债能力指标；其次，净资产增长率也是一个重要的长期动态偿债能力指标，该指标通常反映本年地方政府净资产余额与上年净资产余额的比值，也可反映一段时间的净资产增长率或平均增长率。这一指标为正值，代表一个地区财富或净值正逐步上升。此外，在核算自然资源类资产的前提下，地方政府的非金融资产与债务比值也可以反映长期偿债能力，表现为一个地区变卖固定资产或自然资源偿还债务的能力。

总结国家资产负债表对地方债反映和治理指标，发现地方债治理应实现三个方面的可持续发展：债务规模可持续、债务结构可持续和债务效益可持续，即地方政府债务要与当地经济社会发展水平相适应。所有指标分析均是围绕这三个方面展开的，地方政府可以充分利用这些指标，形成对一个地区债务"全貌"的详细分析，是国家管理地方债的重要手段。完整的治理指标体系总结如表5-1所示。

表 5-1　国家资产负债表判断和治理地方债的指标体系

	指标	公式	
债务规模	政府债务余额	年末政府负债总计数	
	人均债务	年末政府负债/年末人口总数	
	债务增长率	（本年负债-上年负债）/上年负债×100%	
	人均债务增长率	（本年人均债务-上年人均债务）/上年人均债务×100%	
债务结构	政府债务比	政府负债/全国总负债×100%	
	直接债务比	政府直接负债/政府总负债×100%	
	债券占比等	政府债券、贷款等单项债务/政府总负债×100%	
	短期债务比	政府短期负债/政府总负债×100%	
	逾期债务比	政府逾期未还负债/政府总负债×100%	
债务效益	负债率	政府负债/名义 GDP×100%	短期偿债指标
	债务率	政府负债/财政收入×100%	
	资产负债率	政府负债/总资产×100%	
	流动比率	政府金融资产/金融负债×100%	
	非金融资产负债率	政府非金融资产/金融负债×100%	长期偿债指标
	负债率增长率	债务规模增长率/GDP 增长率×100%	
	债务率增长率	债务规模增长率/财政收入增长率×100%	
	总资产收益率	净资产/平均资产总额×100%	

注：笔者根据国外国家资产负债表自行总结绘制。表内政府均为地方政府，负债无单独指出时为每年地方政府资产负债表内金融负债总额。

第六章

我国地方债数据披露及地区比较研究

国外发达国家的资产负债表建设已经较为成熟和完整，一些国家每年或每个季度定期公布国家和部门资产负债表。目前我国国家资产负债表处于初步探索和试编阶段，并没有对完整的数据进行分析。对此，本章根据我国现有情况，分析当前不同部门的地方债数据披露状况。

根据本书文献综述，目前定量研究地方债的文献主要采用的是审计署 2010 年和 2013 年全国地方政府性债务审计结果、财政部预算司公布的每个月份地方政府债券发行和债务余额情况、WIND 数据库整理的地区投融资平台发布的城投债以及国内知名学者编制的国家资产负债表测算的地方政府债务数据等。本书手工整理和汇总这些地方政府债务数据，并对这些地方债数据进行描述性统计分析，以发现我国地方债的数据差异和披露问题。

第一节　财政部披露的地方债数据

财政部门是地方债数据披露和管理的权威部门，但在新《预算法》允许地方政府发债前，虽然财政部几乎没有关于地方债的数据披露，但地方政府借债行为一直存在。国务院于 2014 年 9 月 21 日，正式发布《关于加强地方政府性债务管理的意见》（国发〔2014〕43 号），明确规定地方政府只能以发行地方政府债券为唯一合法举债途径，且实行规模限额管理。我国财政部预算司从 2017 年 1 月 25 日开始公布 2015 年至今的地方政府发行债券余额和限额，从 2017 年 12 月 29 日开始逐月公布这一数据，并从 2019 年 4 月 12 日开始逐月发布《地方政府债券市场研究报告》，涉及的内容更为详细。目前，财政部预算司每月会在财政部网站公布前一个月的《地方政府债券发行和债务余额情况》和《地方政府债券市场研究报告》，涉及每月地方债券余额、新增地方债券金额、平均发行期限、平均发行利率等数据①。财政部于 2018 年 8 月建立地方全口径债务监测平台，要求各单位上报所有债务数据，但目前数据并不公开。2019 年 12 月 31 日，财政部预算司建立并运行"中国地方政府债券信息公开平台"，该平台成为地方政府一般债券和专项债券发布的权威途径，并追溯历史数据，但目前并没有历史数据对外详细公布。

一、地方政府债务余额

根据"中国地方政府债券信息公开平台"披露的 2015～2019 年地方政府债务余额数据，进一步查找了财政部主编的 1992～2018 年的《中国财政年鉴》所有内容，涉及地方政府债务余额的数据从 2014 年开始披露，共披露 2014～2017 年四年的数据。综合两者，对 2014～2019 年财政部地方债数据进行了描述性统计分析。表 6-1 展示了全国范围地方政府债务数据，主要是指政府债券、置换债券以及其他资金筹集等形式的债务内容。债务限额是每年经全国人民代表大会审议批准的地方政府举债的预算额。债务余额是每年全国地方政府举债的实际执行额，其中，2015 年公布的是预计执行额。根据两项数据之差，可见每年的债务余额均控制在全国人大批准的限额之内。这也突出了地方债限额管理的重要性。

表 6-1　财政部发布的地方政府债务数据　　单位：亿元

年份	债务限额	一般债务限额	专项债务限额	债务余额	一般债务余额	专项债务余额
2019	240584	133089	107495	213072	118694	94378.00
2018	209974	123789	86185	184619	110485	74134.00
2017	188174	115489	72685	165100	103632	61468.00
2016	171874	107189	64685	153164	97868	55296.00
2015	160074	99272	60802	160074	99272	60802.00
2014				154074	94272	59802.00

注：笔者根据财政部预算司统计数据自行绘制，四舍五入取整数；2014 年初还未执行限额规定。

本书进一步对分地区政府债券发行和债务余额情况进行了描述。表 6-2 展

---

① 所有数据来源于财政部网站首页，地方债管理专栏，网址为 http://yss.mof.gov.cn/zhuantilanmu/dfzgl/。

示了全国 31 个省级单位经人大批准的债务限额（预算数）和年末债务余额（执行数），并按 2019 年限额进行了降序排序，由表 6-2 可知，全国各地区举债数量均在人大控制的限额内，没有超额举债的情况；全国各地区债务规模差异较大，与经济发展水平直接相关。

表 6-2　分地区政府债务余额情况　　　　　单位：亿元

地区	2019 年		2018 年		2017 年		2016 年		2015 年	
	限额	余额	限额	余额	限额	余额	限额	余额	限额	余额
江苏	16768	14878	14768	13286	13103	12026	11830	10915	10954	10556
广东	13564	11519	11709	9862	10399	8906	9448	8451	8810	8037
山东	12530	11546	10970	10165	9862	9135	9035	8494	8443	8135
四川	11731	10577	10280	9299	9209	8497	8397	7812	7808	7465
浙江	11008	10388	9593	8987	8541	7696	7790	6995	7325	6426
河北	10238	8754	8521	7278	7202	6151	6426	5691	5888	5330
湖南	9863	10174	8727	8708	7887	7756	7241	6753	6780	6152
贵州	9811	9673	9362	8850	9277	8607	9200	8721	9136	8755
河南	9737	7910	8285	6541	7266	5548	6500	5525	5955	5456
北京	9409	4964	8302	4249	7736	3877	7211	3741	6689	5729
云南	9129	8100	8204	7140	7522	6725	7000	6353	6628	6229
安徽	8990	7936	7629	6705	6622	5823	5894	5319	5424	5089
上海	8621	5722	7704	5035	7112	4694	6519	4486	6019	4881
湖北	8427	8040	7012	6676	5997	5716	5254	5104	4698	4570
内蒙古	7544	7307	6875	6555	6358	6217	5963	5677	5676	0
辽宁	7544	6908	7377	6612	7257	6516	7146	6572	7048	6657
陕西	7279	6586	6465	5887	5866	5395	5414	4918	5065	4949
福建	6913	6246	6056	5419	5420	4902	4932	4514	4586	4216
广西	6872	6328	5976	5493	5313	4837	4806	4567	4465	4042
江西	6479	5351	5491	4779	4784	4269	4264	3957	3905	3738
重庆	6049	5604	5093	4690	4383	4019	3835	3737	3412	3379
新疆	5250	4961	4302	3980	3614	3378	3151	2837	2837	2633

续表

地区	2019 年		2018 年		2017 年		2016 年		2015 年	
	限额	余额	限额	余额	限额	余额	限额	余额	限额	余额
天津	5063	4959	4159	4078	3463	3424	2956	2913	2592	2254
黑龙江	4973	4749	4293	4116	3802	3454	3422	3129	3165	3065
吉林	4823	4345	4171	3712	3686	3193	3310	2896	3019	2752
山西	3832	3512	3187	2964	2728	2579	2387	2291	2123	2027
甘肃	3371	3117	2746	2492	2300	2069	1960	1778	1710	1588
海南	2437	2231	2091	1942	1834	1719	1640	1569	1491	1398
青海	2290	2102	1938	1763	1677	1513	1482	1339	1331	1235
宁夏	1867	1659	1585	1389	1376	1226	1241	1143	1139	1055
西藏	326	254	198	135	168	99	138	58	114	78
合计	232738	206400	203069	178787	181764	159966	165792	148255	154235	137876

注：笔者根据手工收集财政部预算司统计数据自行绘制。

结合表 6-1 和表 6-2 可知，以 2018 年为例，31 个省级单位发行限额总计为 178787 亿元，与全国数据的 184619 亿元仍存在一定差距，两者相差 5832 亿元。财政部预算司披露数据批注指出，年度执行中的地方政府债务余额为地方统计数据。因此，除了数据四舍五入的统计方法造成的差异外，难免存在数据汇总不准确的问题。其他年份以及债务限额数据同样存在一定差异。

为了进一步说明国家及各地区债务风险水平，本书以统计年鉴中查找的我国整体和各地区每年名义 GDP 计算了相关负债率（见表 6-3）。由表 6-3 可知，以财政部地方政府债务余额计算的负债率全国层面基本维持在 20% 左右，远低于国际警戒线。以各地区来看，2018 年最高的地区是青海，负债率为 61.53%，最低的是西藏，负债率为 9.14%，平均负债率为 25.10%；2017 年最高的地区是贵州，负债率为 63.56%，最低的是西藏，负债率为 7.55%，平均负债率为 24.19%；2016 年最高的地区为贵州，负债率为 74.05%；最低的地区是西藏，负债率为 5.04%，平均负债率为 23.94%；2015 年最高的地区是贵州，负债率为 83.36%，最低的是西藏，负债率为 7.60%，平均负债率 23.65%。2015~2018 年全国地区平均负债率呈逐步上升趋势。经济发达地区，如江苏、北京、广东等地区，虽然债务规模总体较高，但由于经济发展水平高，负债率居全国低位，广东连续四年负债率仅次于西藏地区，排全国倒数第二。负债率居前几位的贵州、青海、云南、内蒙古、海南等地区，属于需要依靠大量借债才能维持地区经济发展，在中央政府不再担保地方债务的背景下，这些地区要尤为注意债务管理。

表6-3 财政部地方政府债务余额计算的负债率 单位:%

地区 \ 年份	2018	2017	2016	2015
全国	20.51	19.96	20.60	23.23
安徽	22.34	21.55	21.79	23.13
北京	14.01	13.84	14.57	24.89
福建	15.14	15.23	15.67	16.23
甘肃	30.22	27.73	24.69	23.39
广东	10.14	9.93	10.45	11.04
广西	26.99	26.11	24.93	24.06
贵州	59.77	63.56	74.05	83.36
海南	40.19	38.52	38.71	37.76
河北	20.21	18.08	17.75	17.88
河南	13.61	12.45	13.65	14.75
黑龙江	25.16	21.72	20.34	20.32
湖北	16.96	16.11	15.63	15.47
湖南	23.91	22.88	21.40	21.29
吉林	24.62	21.37	19.60	19.57
江苏	14.35	14.00	14.10	15.05
江西	21.74	21.34	21.39	22.35
辽宁	26.12	27.84	29.54	23.22
内蒙古	37.91	38.62	31.32	0.00
宁夏	37.49	35.60	36.07	36.23
青海	61.53	57.64	52.05	51.10

年份　　　地区	2018	2017	2016	2015
山东	13.29	12.58	12.49	12.91
山西	17.62	16.61	17.56	15.88
陕西	24.09	24.64	25.35	27.46
上海	15.41	15.32	15.92	19.43
四川	22.86	22.98	23.72	24.84
天津	21.68	18.46	16.29	13.63
西藏	9.14	7.55	5.04	7.60
新疆	32.63	31.04	29.40	28.24
云南	39.93	41.07	42.96	45.74
浙江	15.99	14.87	14.80	14.98
重庆	23.03	20.69	21.06	21.50
平均	25.10	24.19	23.94	23.65

综上所述，财政部发布的地方政府债务余额仅包括地方政府债券、置换债券和借入款项等直接显性债务。虽然是目前财政部发布的较为大口径的债务范围，但从负债率来看，全国负债率仅20%左右，除贵州外，各地区负债率均低于60%。负债率最高的贵州地区，也仅为70%~80%。因此，可以认为我国财政部发布的地方政府债务余额可能与真实地方债数据仍存在一定差距，而这一部分差距主要表现为隐性债务和或有债务。当然贵州、青海等地区，在以财政部公布的直接显性债务负债率便已突破或濒临国际警戒线60%的标准，如果再加上隐性债务和或有负债的比重，这些地区的债务规模和债务风险将很大。

二、地方政府债券

2015年1月1日起新《预算法》开始执行，正式规定地方政府可以作为发债主体发行地方公债。表6-4进一步统计了财政部地方政府债务中的债券发行额和余额数据。其中，债券发行额显示的是当年实际发行的债券金额（即新增数），债券余额显示的是当年尚未偿还的债券金额（即累计数）。从数据来看，新《预算法》执行后，2016 年全国地方政府债券发行额迅速增加，地方政府发行债券占债务余额的比重达 39.47%，2017~2019 年又逐步控制，占债务余额比重为 20%~30%。可见，我国地方政府以发行债务的形式举债的比例相对较低，但累积债务余额从 2015 年一直呈增长趋势，到 2019 年已增长近 3.38 倍。

表 6-4　财政部发布的地方政府债券数据　　　　　单位：亿元

年份	债券 发行额	一般债券 发行额	专项债券 发行额	债券 余额	一般债券 余额	专项债券 余额	占债务余额 比重（%）
2019	43626	17744	25881	211183	117137	94046	20.47
2018	41652	22192	19459	180711	108095	72615	22.56
2017	43581	23619	19962	147448	92676	54772	26.40
2016	60458	35340	25119	106282	71472	34810	39.47
2015	38351	28659	9692	48260	38568	9692	23.96

注：笔者根据财政部预算司统计数据自行绘制。2019 年债券发行额年度数据现在还未公布，由笔者以 1~12 月的数据手工相加，债务余额数据直接采用截至 2019 年 12 月底的数据。

表 6-5 展示了全国 31 个省级单位发行债券数和年末未偿还债券余额，并按 2019 年发行额进行了降序排序，由表 6-5 可知，除 2016 年全国地方政府债券发行额迅速增加外，其他年份债券发行额较为平稳。自 2015 年以来，各地区累积债务余额一直呈增长趋势。同样地，地区统计数据与财政部预算司总的统计数据存在一定差异。

表 6-5　分地区政府发行债券情况　　　　　单位：亿元

地区	2019 年		2018 年		2017 年		2016 年		2015 年	
	发行额	余额	发行额	余额	发行额	余额	发行额	余额	发行额	余额
江苏	2852.3	14769	2682	12894	2878	10911	4512	8088	3194	3621
山东	2673.89	11503	2173	10002	2232	8340	3865	6148	1994	2314
湖南	2560.16	10154	1993	8708	1965	7037	3488	5204	1395	1838
广东	2370.07	11326	2481	9534	1846	7246	3500	5443	1588	1978
浙江	2243.87	10380	1662	8979	1559	7684	3583	6168	2244	2620
河北	2220.44	8631	2123	7113	1528	5422	2321	4000	1420	1780

续表

地区	2019 年		2018 年		2017 年		2016 年		2015 年	
	发行额	余额	发行额	余额	发行额	余额	发行额	余额	发行额	余额
四川	2213.2	10548	2184	9271	2809	7710	2891	5049	1790	2326
湖北	1987.12	8019	1351	6648	1223	5514	2644	4404	1483	1871
河南	1817.07	7872	1326	6494	1978	5488	1904	3636	1425	1854
安徽	1627.99	7880	2248	6556	1462	4611	1687	3273	1294	1719
云南	1488.46	7993	1567	6937	1930	5776	2066	3972	1567	2042
陕西	1403.5	6426	1304	5686	1300	4733	2031	3531	1260	1594
北京	1401.45	4959	645	3950	1070	3566	1166	2530	1178	1437
贵州	1346.32	9625	2145	8799	2099	7156	2590	5139	2350	2626
上海	1267.5	5699	706	4966	783	4478	2200	3739	1212	1574
重庆	1253.3	5559	1014	4648	1310	3808	1570	2569	824	1068
辽宁	1234.9	6795	1158	6438	1660	5757	2393	4168	1602	1841
内蒙古	1233.52	7199	1144	6345	1310	5419	2502	4202	1477	1786
天津	1171.7	4957	981	4058	849	3135	1667	2323	565	667
江西	1171.63	5318	1082	4370	1216	3455	1054	2285	978	1329
福建	1155.8	6229	894	5400	1442	4602	1788	3235	1259	1512
广西	1033.39	6213	1403	5369	1717	4194	1440	2557	922	1194
新疆	1019.6	4537	1013	3770	1079	2942	1055	1942	693	964
黑龙江	905.26	4643	1238	3971	965	2993	1105	2120	792	1106
甘肃	776.24	3037	604	2360	588	1851	667	1343	483	753
吉林	762.33	4281	796	3635	1146	2949	910	1891	765	1067
山西	756.97	3487	682	2868	781	2287	788	1581	610	863
青海	466.97	2077	474	1738	463	1367	469	977	328	571
海南	433.41	2172	536	1866	536	1376	551	884	223	378
宁夏	374.86	1642	406	1376	318	1054	367	753	289	423
西藏	128	251	55	135	56	87	16	41	0	31
合计	43351.22	204181	40070	174884	42098	142948	58790	103195	37204	46747

注：笔者根据手工收集财政部预算司统计数据自行绘制。

结合表6-2和表6-5，本书进一步计算了各地区债券发行量占地方政府债务余额的比重（见表6-6）。从表6-6中可见，除2016年发行量激增外，大部分地区债券发行额占债务余额的20%左右，从财政部对地方政府债务余额的解释来看，除了债券外，地方政府债务余额主要是债券和借入款项。因此，从表6-6关系中可知，目前我国各地区借入款项（即贷款）的比例仍然较高。理论上而言，发行债券的直接融资成本应低于贷款等间接融资，因为直接融资省去了金融中介为维持经营和正常盈利而附加在间接融资价格上的成本。债券相比贷款具有成本比较优势，但目前我国各地区发债的比例相对较低，地方政府融资结构仍存在进一步优化的空间。

表6-6　财政部公布的地方政府债券占债务余额比重　　　　单位:%

地区＼年份	2018	2017	2016	2015
安徽	33.53	25.11	31.72	25.43
北京	15.18	27.60	31.17	20.56
福建	16.50	29.42	39.61	29.86
甘肃	24.24	28.42	37.51	30.42
广东	25.16	20.73	41.42	19.76
广西	25.54	35.50	31.53	22.81
贵州	24.24	24.39	29.70	26.84
海南	27.60	31.18	35.12	15.95
河北	29.17	24.84	40.78	26.64
河南	20.27	35.65	34.46	26.12
黑龙江	30.08	27.94	35.31	25.84
湖北	20.24	21.40	51.80	32.45
湖南	22.89	25.34	51.65	22.68
吉林	21.44	35.89	31.42	27.80
江苏	20.19	23.93	41.34	30.26
江西	22.64	28.48	26.64	26.16
辽宁	17.51	25.48	36.41	24.06

续表

地区 ＼ 年份	2018	2017	2016	2015
内蒙古	17.45	21.07	44.07	0.00
宁夏	29.23	25.94	32.11	27.39
青海	26.89	30.60	35.03	26.56
山东	21.38	24.43	45.50	24.51
山西	23.01	30.28	34.40	30.09
陕西	22.15	24.10	41.30	25.46
上海	14.02	16.68	49.04	24.83
四川	23.49	33.06	37.01	23.98
天津	24.06	24.80	57.23	25.07
西藏	40.74	56.57	27.59	0.00
新疆	25.45	31.94	37.19	26.32
云南	21.95	28.70	32.52	25.16
浙江	18.49	20.26	51.22	34.92
重庆	21.62	32.60	42.01	24.39
平均	23.43	28.14	38.51	24.27

三、对财政部数据披露的总结

财政部披露的地方政府债务数据属于债券和贷款等直接显性融资，是地方政府合法举债渠道可获得的债务规模，并未包括债务担保等隐性债务，也不涵盖保险、养老金缺口以及城投债、银行和国有企业不良资产的救助等或有债务。这样的数据披露可能会麻痹全国各地区政府"神经"，甚至地方政府或中央政府都难以准确掌握真实地方债规模，更难以提出治理本地政府债务的有效措施。此外，由于地方政府自主拥有发债权的时间较短，目前财政部披露了2015～2019年五年的数据。这对于我国地方债的研究也是片面的。

第二节　审计署披露的地方债数据

一、对审计署地方政府债务分类的解释

目前审计署发布的全国政府性债务审计结果也是国内地方债学术研究中主要采用的数据来源。审计署于 2011 年 6 月 27 日和 2013 年 12 月 30 日两次发布了全国政府性债务审计结果，对中央、31 个省级单位、5 个计划单列市、391 个市级单位、2778 个县级单位的政府性债务情况进行了全面审计[①]。审计的政府债务包括政府负有偿还责任的债务、政府负有担保责任的债务以及政府可能承担一定救助责任的债务。审计署指出：政府负有偿还责任的债务是指需由财政资金偿还的债务，属政府债务；政府负有担保责任的债务是指由政府提供担保，当某个被担保人无力偿还时，政府需承担连带责任的债务；政府可能承担一定救助责任的债务是指政府不负有法律偿还责任，但当债务人出现偿债困难时，政府可能需给予一定救助的债务。后两类债务均应由债务人以自身收入偿还，正常情况下无须政府承担偿债责任，属政府或有债务。

审计署并没有对三类的具体内容作出解释，结合学者研究以及本书对地方债分类，本书以举例的形式，进一步解释这三类债务。

（1）政府负有偿还责任的债务主要是地方政府直接借入的贷款和发行的债券，结合当时审计的时间，债券主要表现形式为中央政府代地方政府发行的债券。

（2）政府负有担保责任的债务主要是在地方政府提供担保的机构、单位或企业的各种借款或发行的债券，例如，2008 年国家出台 4 万亿元投资计划，中央实际投入仅 11800 亿元，在刺激经济的同时，巨大的资金缺口由地方政府、金融机构和民间资本补齐，当后期地方政府财力不足时，地方政府大量依靠政府担保以金融信贷填补了资金缺口，从而在这一过程中产生了大量地方政府担保的债务，也造成了后期隐性债务和"影子银行"的大量存在。又例如，全国

---

① 数据来源于审计署网站。

范围内出名的"高铁负债"现象也是典型的政府债务担保。高铁属于耗资巨大、建设周期和资金回收期长的工程项目，因此，需要大量的前期垫资，项目一般由政府资金和民间资本形成 PPP 模式的项目公司联合完成，但由于政府和民间财力有限，资金缺口往往通过政府担保企业向金融机构借贷填补，从而形成看似属于企业债，实则为政府债的担保债务。由于高铁对于地区经济和社会发展的重要性，各地区政府即使存在大量的担保债务也趋之若鹜地建设高铁，从而形成我国独具特色的"高铁债务"。

（3）政府可能承担一定救助责任的债务主要是对银行不良资产、国有企业不良贷款以及城投债等的救助。例如，国有银行由于大量坏账和呆账或工作失误等产生的不良资产，地方政府可能会通过政府控制的资产管理公司对银行实施救助。又例如，目前山东能源集团等诸多国有企业的资产负债率高达 80% 左右，地方政府对于国有企业的不良贷款也会予以救助。通常而言，地方政府负有担保义务的债务和负有一定救助义务的债务不会反映在地方政府的财政总预算中。因此，如何衡量和统计这两类债务依然是当前债务管理的难点。

通过上述分析可见，地方政府三种债务通常是联动的，如果地方政府大量依靠直接借款或发行债券，这些债务是必须通过地方财政收入予以定期偿还的，而如果地方政府通过担保形成的债务，当被担保企业或组织自身财务状况较好能偿还债务时，那么地方政府在完成项目建设的同时，面临的债务规模也会减少，但一旦担保企业无法偿还债务，或由于大量举债导致当地银行或国有企业产生了还款困难，地方政府可能面对大量突如其来的债务压力。因此，以上三类债务中地方政府承担的责任不同，三种债务不能简单相加。

二、对审计署地方政府债务的数据分析

根据审计结果，全国地方政府债务规模见表 6-7。截至 2013 年 6 月，政府直接债务，即负有偿还责任的债务 108859.17 亿元，比 2011 年 12 月增加了 41749.66 亿元，增长 62.21%；或有债务，包括政府负有担保责任的债务和政府可能承担一定救助责任的债务合计 70049.49 亿元，比 2011 年 12 月增加 29984.09 亿元，增长 74.84%。如果以政府负有偿还责任的债务计算当年的负债率，2011 年负债率为 13.75%，2013 年负债率为 18.36%。

表 6-7　全国地方政府性债务审计结果　　　　单位：亿元

时间	政府负有偿还责任的债务	负债率（%）	政府或有债务	
			政府负有担保责任的债务	政府可能承担一定救助责任的债务
2011 年 12 月	67109.51	13.75	23369.74	16695.66
2012 年 12 月	96281.87	17.88	24871.29	37705.16
2013 年 6 月	108859.17	18.36	26655.77	43393.72

　　注：笔者根据两次全国政府性债务审计结果报告自行绘制，2011 年政府可能承担一定救助责任的债务称为其他相关债务。

　　表 6-8 进一步展示了审计署对全国各级地方政府性债务资金来源情况的统计。从资金来源来看，2011 年审计报告只报告了银行贷款、发行债券、其他单位和个人借款以及上级财政转贷四种形式。政府举债形式越来越多元化。首先，银行贷款一直是政府债务的主要来源，2011 年占政府负有偿还责任的债务总规模的 74.84%，2013 年 6 月下降到 50.76%；2011 年占政府负有担保责任的债务总规模的 81.88%，2013 年 6 月下降到 71.6%；2011 年占政府可能承担一定救助责任的债务总规模的 91.77%，2013 年 6 月下降到 61.87%。其次，发行债券也是政府直接举债的主要模式，且从 2011 年到 2013 年增长迅速。2013 年 6 月首次统计以建设—转让（BT）项目合作模式举债，相关债务规模较大，成为地方政府债务的最新来源。由于审计署统计数据截止到 2013 年 6 月底，当时地方政府自行发行债务只是试点，建设—转让（BT）还未被列入政府违规举债范围。

表 6-8　地方政府性债券资金来源情况　　　　单位：亿元

债权人类别	时间	政府负有偿还责任的债务	政府或有债务	
			政府负有担保责任的债务	政府可能承担一定救助责任的债务
银行贷款	2011 年 12 月	50225.00	19134.14	15320.85
	2013 年 6 月	55252.45	19085.18	26849.76
BT		12146.30	465.05	2152.16

续表

债权人类别	时间	政府负有偿还责任的债务	政府或有债务	
			政府负有担保责任的债务	政府可能承担一定救助责任的债务
发行债券	2011 年 12 月	5511.38	1066.77	989.16
	2013 年 6 月	11658.67	1673.58	5124.66
其中：地方政府债券		6146.28	489.74	0.00
企业债券		4590.09	808.62	3428.66
中期票据		575.44	344.82	1019.88
短期融资券		123.53	9.13	222.64
应付未付款项		7781.90	90.98	701.89
信托融资		7620.33	2527.33	4104.67
其他单位和个人借款	2011 年 12 月	9242.30	821.73	385.65
	2013 年 6 月	6679.41	552.79	1159.39
垫资施工、延期付款		3269.21	12.71	476.67
证券、保险业和其他金融机构融资		2000.29	309.93	1055.91
国债、外债等财政转贷	2011 年 12 月	2130.83	2347.10	0.00
	2013 年 6 月	1326.21	1707.52	0.00
融资租赁		751.17	193.05	1374.72
集资		373.23	37.65	393.89
合计		108859.17	26655.77	43393.72

注：笔者根据两次全国政府性债务审计结果报告自行绘制。

从地区层面来看，表6-9展示了我国30个省级单位三个时间点的地方政府性债务规模（未包括西藏地区），并按2013年6月的数据进行了降序排序，同时根据三个时间点的GDP数据计算了全部债务的负债率和政府负有偿还义务的债务的负债率。分地区数据由地方上报，2011年数据严重不全，2012年和2013年的总合计数与全国范围的各项数据也略有出入。可见，即使是审计署的一次调查结果也难以完全做到数据完全一致。

从表中数据可见，无论是全部债务还是政府负有偿还义务的债务，江苏省的债务规模最高，宁夏的债务规模最低。从 2012 年底全部负债率来看，宁夏负债率为 58.70%，为全国最高；以政府负有偿还义务的债务来看，福建负债率全国最高，为 36.80%。2013 年 6 月从全部负债率和政府负有偿还义务的负债率来看，均是辽宁最高，全部负债率为 78.2%，政府负有偿还义务的负债率为 57.2%。由于审计署发布的数据与财政部发布的时间不同，分地区负债率存在一定差异。

表 6-9　分地区地方政府性债务审计结果　　　　单位：亿元

省份	2011 年 12 月	2012 年 12 月				2013 年 6 月			
	全部债务	全部债务	负债率（%）	政府有偿还义务的债务	负债率（%）	全部债务	负债率（%）	政府有偿还义务的债务	负债率（%）
江苏		12866.43	26.1	6523.38	14.9	14768.74	27.5	7635.72	16.0
广东	7502.96	9550.98	39.0	6554.41	33.4	10165.37	38.2	6931.64	32.9
四川		8002.78	18.1	5533.59	9.7	9229.62	20.0	6530.98	11.2
上海		8263.75	43.6	5184.99	16.7	8455.85	47.0	5194.3	19.3
湖南	4286.78	6974.68	16.7	3157.31	11.5	7737.29	16.3	3477.89	11.1
湖北	4520.18	6521.81	30.1	4262.5	14.9	7680.78	30.0	5150.94	14.3
辽宁	3921.6	6949.25	0.0	5148.65	0.0	7590.87	78.2	5663.32	57.2
北京	3745.45	6970.96	43.1	5972.34	32.1	7554.14	44.4	6506.07	33.0
河北		6830.67	25.7	3657.18	13.8	7514.76	26.4	3962.29	13.9
重庆	2159	6694.66	16.1	3294.41	10.1	7360.27	17.2	3575.09	11.0
山东	4752.19	6396.08	23.8	3970.4	13.4	7107.8	24.8	4499.13	14.1
浙江	5877.78	5915.37	29.3	4323.22	19.2	6928.37	31.0	5088.24	20.8
贵州						6321.61	31.4	4622.58	14.1
陕西		5462.24	33.8	2403.76	21.6	6093.79	32.6	2732.56	19.8
云南		5334.82	23.8	3502.41	12.1	5954.83	24.7	3823.92	12.8
河南	2915.74	4753.28	27.4	2993.45	17.2	5541.94	27.3	3528.38	16.8
安徽	3014	4487.98	28.0	2559.86	20.7	5297.32	27.9	3077.26	20.8
天津						4833.74	26.8	2263.78	20.1
内蒙古	2841.7	4077.74	30.9	3070.26	19.1	4542.07	30.7	3391.98	19.5

续表

省份	2011 年 12 月	2012 年 12 月				2013 年 6 月			
	全部债务	政府有偿				政府有偿			
		全部债务	负债率（%）	还义务的债务	负债率（%）	全部债务	负债率（%）	还义务的债务	负债率（%）
福建		3573.63	49.7	1915.88	36.8	4381.88	49.8	2453.69	35.1
广西	2756.13	3922.09	12.8	1946.4	7.9	4329.25	12.9	2070.78	8.1
吉林	3033	4029.82	29.3	2573.5	11.0	4248.36	33.0	2580.93	12.0
山西	2452.37	3543.94	37.8	1327.41	16.6	4178.5	37.6	1521.06	16.9
江西		3551.76	40.9	2227.28	25.7	3932.49	38.8	2426.45	23.8
黑龙江		3264.08	33.5	1834.65	23.2	3588.12	35.0	2042.11	24.7
甘肃	1414.9	2462.42	0.0	942.9	0.0	2972.47	33.5	1221.12	15.7
新疆	1362.63	2373.98	31.6	1435.78	19.1	2746.15	32.5	1642.35	19.5
海南	952.92	1230.9	51.7	916.93	34.0	1410.84	50.3	1050.17	32.3
青海		940.83	17.1	697.73	12.5	1057.65	18.4	744.82	13.5
宁夏	622.11	723.25	58.7	448.2	28.9	791	57.6	502.2	28.0
合计	58131.44	145670.18	27.0	88378.78	16.4	174315.87	29.4	105911.75	17.9

注：笔者根据两次全国政府性债务审计结果报告自行绘制，空白为数据缺失。

三、对审计署地方政府债务数据的总结

总体而言，债务审计是国家对地方债监管的重要制度，通过债务审计可以以独立视角反映债务的客观情况以及债务管理中存在的问题，有利于促进财税体制和地方政府投融资结构的改革，促进经济持续健康发展。从审计署发布的全国政府性债务审计结果来看，审计署对我国地方政府债务类型进行了三分类划分，首次将地方政府隐性负债和或有负债纳入考虑范围，这在地方债数据披露上迈出了创新的一步。从数据结果来看，地方政府负有偿还责任的债务增长较快；部分地方债务负担较重，债务偿还压力较大；部分地方和单位违规融资、违规使用政府性债务资金等。这样的结论对于完善我国地方政府债务管理具有重要的意义。虽然审计署披露的地方债数据很有力度，但目前我国审计署进行

的全国范围内的债务审计仅 2010 年和 2013 年两次，相对而言，审计的期限和次数较少，难以作为地方债长期披露和监管来源。未来，如果能将地方政府债务审计变成常态，每年或每三年公布一次全国性的债务审计，对我国地方债的管理将具有重大意义。

从综合财政部和审计署等官方地方债数据披露来看，虽然这样的数据披露具有重要的意义，但从表格及披露内容来看，可以说仅是关于债务余额以及债券发行额等数据的统计，关于各地区政府是否过度负债以及形成的债务风险仅能通过负债率等指标衡量，无法进行类似于国外的丰富的地方债数据分析。此外，本书认为单一以地方政府债务数据难以反映地方政府债务的真实水平，还需要与非金融部门、金融部门和居民部门联合考察，例如，在我国经济发展中占有重要作用和规模的地方投融资平台发布的城投债，虽然属于企业债务，但一般均与地方政府相关，在相关企业无法偿还债务时，地方政府仍可能存在一定的救助责任，而这样的数据在单独分析地方政府时难以看清。

第三节　地方城投债平台披露的数据

城市建设融资渠道是 1994 年分税制改革后地方政府"财权上收"后的创新产物，地方政府在城市化过程中面临着大量资金需求，不得不寻求预算外收入和融资渠道来解决，从而产生了城投债。城投债通常是指地方政府投融资平台公司发行的债券，包括企业债、公司债、中期票据、短期融资券、非公开定向融资工具（PPN）等。而地方政府投融资平台（也称城投公司）是由地方政府通过财政拨款或注入土地、股权等形式设立的，因此，即使在当前国家规定城投债不再属于政府债的情况下，城投债与地方政府也难以撇清关系。这也是本书在此进一步分析城投债数据的主要原因。另外，城投债数据也是我国学者实证研究中最常见的来源，这是本文在此分析的第二个原因。

本书以 WIND 数据库中 1997~2018 年分地区的城投债数据，对政府投融资平台上的债务进行了统计，表 6-10 展示了数据结果。从表 6-10 中可以看出，1998~2008 年，城投债的增长规模较为缓慢，2008 年之后城投债规模迅速增加，2016 年新增城投债规模达到峰值 25326.65 亿元，已经接近 2016 年地方政

府发行债券规模（60458 亿元）的一半，可见在投融资平台发债是我国各地方
政府较长时间内的主要融资方式，尤其是 2008 年 4 万亿元投资计划的影响，地
方政府较长时间内属于高借债状态，直到 2018 年末累积未偿还城投债也未出现
下降趋势。

表 6-10 1997~2018 年 WIND 数据库城投债规模 单位：亿元

年份	新增发行额	累积未偿还额
1997	5	5
1998	17.2	22.2
1999	21	43.2
2000	24	67.2
2001	0	58
2002	45	96
2003	83	168
2004	44	201
2005	386	566
2006	446	802.5
2007	784	1338.5
2008	992	1911.3
2009	3223.3	4646.6
2010	3126.5	7214.1
2011	3996.4	10433.5
2012	9670.3	19130.7
2013	10426.8	27448.6
2014	19165.41	42103.81
2015	18227.36	52248.44
2016	25326.65	67767.19
2017	19821.96	75484.07
2018	16373.58	78094.34

图 6-1 进一步展示了我国地方政府在投融资平台发债的趋势。从图中可见，我国地方政府在投融资平台上新增发债规模从 2006~2008 年开始，尤其是 2008 年以后呈波动式增长，2016 年以后有下降趋势；而累积未偿还债务规模则从 2008 年后急剧增加，2016 年增长逐步放缓。2008 年急剧增长主要是由于国际金融危机以及 4 万亿元投资计划的影响，而 2016 年开始下降和放缓主要是新《预算法》的执行以及国务院 43 号文颁布，不再允许地方政府在投融资平台举债。

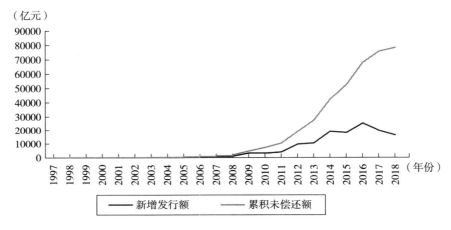

图 6-1 地方政府城投债趋势

进一步地，表 6-11 展示了各省份城投债累积未偿还债务规模，并按 2018 年数据进行了降序排序。在借债规模上，2008~2018 年基本上江苏排第一，宁夏、海南、西藏地区借债规模较小，其中西藏地区从 2015 年之后才出现城投债数据，可见相对越发达地区借债规模越大。

表 6-11　各省份累积未偿还城投债规模　　　　单位：亿元

年份 省份	2008	2009	2010	2011	2012	2013	2014	2015	2016	2017	2018
江苏	307.50	636.50	999.00	1407.00	2700.90	3719.80	5928.93	7834.53	11196.70	13006.24	13600.15
浙江	190.00	414.00	543.00	732.40	1320.90	1704.40	2559.63	3126.90	4082.41	4767.51	5247.90
湖南	28.00	124.80	301.80	394.40	736.80	1199.40	1878.40	2590.50	4027.10	4891.25	5053.49

续表

年份 省份	2008	2009	2010	2011	2012	2013	2014	2015	2016	2017	2018
重庆	131.50	230.00	327.00	474.00	808.80	1250.00	2072.00	2746.90	3856.10	4131.55	4054.95
天津	88.00	258.70	471.70	618.70	1035.70	1783.30	2760.60	3267.40	3819.35	3922.25	4043.25
四川	45.50	99.00	252.00	383.60	781.10	1144.10	1762.21	2279.01	3006.90	3635.18	3899.18
山东	33.00	110.00	149.00	296.00	628.00	969.00	1798.70	2324.40	3129.40	3535.00	3682.90
北京	161.00	638.00	898.00	1417.00	1885.50	2130.80	2610.50	2902.70	3126.00	3093.55	3477.95
安徽	74.00	240.00	383.00	465.00	849.00	1110.40	1580.90	1770.85	2367.95	2877.45	3241.67
湖北	41.00	75.00	114.00	175.50	520.50	910.20	1568.50	1744.00	2380.50	2882.50	3216.70
广东	105.00	248.00	418.00	618.00	980.10	1420.10	2094.60	2338.90	2733.60	2776.00	2813.20
福建	58.00	108.30	169.30	244.10	621.00	985.00	1459.20	1883.30	2310.00	2483.00	2536.50
江西	35.00	92.00	157.00	243.00	462.00	743.50	1036.00	1426.80	2157.00	2341.30	2470.10
贵州	—	—	43.00	63.00	273.00	397.00	736.00	1220.50	2099.90	2440.38	2465.78
河南	55.00	84.00	95.00	161.00	434.00	749.50	1222.20	1494.20	2008.40	2355.94	2452.44
云南	30.00	38.00	169.00	191.00	346.00	562.50	1064.50	1587.90	1791.70	2097.25	2144.55
辽宁	6.00	43.00	153.00	262.00	573.90	871.40	1452.90	1825.30	2065.90	2084.20	1846.90
陕西	45.00	66.50	140.50	242.50	499.50	776.50	1219.50	1324.50	1567.90	1863.90	1772.30
广西	20.00	52.50	128.50	178.50	425.60	559.60	951.60	1141.60	1568.30	1671.80	1712.70
新疆	2.80	2.80	33.80	45.30	247.90	411.40	674.40	921.30	1175.50	1372.90	1287.60
上海	368.00	747.50	778.50	883.50	1137.50	1382.00	1509.60	1497.60	1588.80	1356.20	1235.40
河北	28.00	53.00	78.00	160.50	309.50	418.50	825.50	966.00	1117.50	1158.00	1112.90
山西	—	20.00	40.00	93.50	241.50	370.00	557.45	662.45	862.45	881.00	957.81
吉林	18.00	30.00	40.00	93.00	154.00	201.70	288.70	536.10	742.10	916.60	948.00
甘肃	0	123.00	123.00	223.00	342.00	518.00	742.00	870.50	891.50	838.60	771.60
内蒙古	23.00	42.00	108.00	165.00	304.50	405.00	598.00	718.00	768.00	774.82	713.82
黑龙江	—	44.00	54.00	108.00	267.50	377.50	498.29	588.30	690.30	760.00	709.90
青海	10.00	18.00	24.00	42.00	191.00	282.00	470.00	436.00	390.00	308.80	318.80
宁夏	8.00	8.00	23.00	38.00	38.00	48.00	81.00	121.00	144.90	149.90	179.90

续表

年份 省份	2008	2009	2010	2011	2012	2013	2014	2015	2016	2017	2018
海南	—	—	—	15.00	15.00	48.00	102.00	92.00	92.00	92.00	77.00
西藏	—	—	—	—	—	—	—	9.00	9.00	19.00	49.00

注："—"为缺失数据。

总结而言，城投债是我国地方政府经济建设中的重要选择，为各地区经济发展起到了至关重要的作用，但也给地方政府带来了巨大的债务压力和风险。本书认为城投债在其存在期间难以与地方政府割裂关系，因此，城投债作为一种地方政府可能负有救助义务的隐性或有债务，应当被约束和控制，从而约束地方政府行为。同时，也应该积极遏制这一隐性债务的增量，并积极化解存量。如果从资产负债表角度来看，城投债数据应当显示在金融部门资产负债表中，因此，这也是本书一直强调的研究地方政府债务问题、不应只聚焦政府部门的原因，而是要从全国或各地区综合资产负债表的角度出发，联动地分析各部门对地方债的影响。

第四节　学术研究数据

以上国内地方债数据披露显示，目前我国没有良好的关于地方债数据的披露机制和来源。这样的状况本书认为可以通过编制全国和地方资产负债表来逐步解决。从我国国家资产负债表编制来看，国家统计局国民经济核算司出版的《中国资产负债表编制方法》（1997年版和2007年版），算是我国国家资产负债表编制的权威依据和来源，但遗憾的是，国家统计局核算的相关资产负债表数据并未对外公开，本书难以获取并对其进行数据分析。

除官方编制外，2012年开始，国内不少学者和团队试编了国家资产负债表数据，但大部分学者只试编了国家层面的资产负债表，较少涉及政府等分部门的资产负债表以及地方层面的综合资产负债表。在此，本书总结了中国社会科学院李扬团队、中国人民银行杜金富团队等为数不多的涉及地方政府综合和部门资产负债表的相关成果，以期发现我国学者试编的资产负债表对地方债的反映和治理作用。

一、中国社会科学院李扬团队数据

中国社会科学院李扬团队从 2011 年开始成立中国社会科学院"中国国家资产负债表研究"课题组，并于 2012 年首次发表相关成果，随后其团队出版了《中国国家资产负债表 2013——理论、方法与风险评估》《中国国家资产负债表 2015——杠杆调整与风险管理》《中国国家资产负债表 2018》三本著作，并将试编的 2000~2016 年数据披露于 WIND 数据库。

表 6-12 展示了李扬团队国家资产负债表的形式及内容。数据来源于其最新著作《中国国家资产负债表 2018》附录中国国家资产负债表（2000-2016），本书选取 2016 年数据进行展示，便于后续与其他国家进行比较。

首先，在中国社会科学院李扬团队编制的国家资产负债表中，非金融资产包括固定资产、存货、其他非金融资产；金融资产包括通货、存款、贷款、未贴现银行承兑汇票、保险、债券、股票及股权、证券投资基金份额、金融机构往来、准备金、中央银行贷款、其他、外商直接投资、国际储备资产；金融负债与金融资产项目一致。根据金融资产与金融负债的差额计算了国家净金融资产，根据国家总资产和金融负债的差额计算了国家净资产。从资产负债项目来看，其团队统计的非金融资产相对较少，但金融资产和金融负债较国外详细。

其次，中国社会科学院李扬团队编制的国家资产负债表也采用了交易项目和经济部门的矩阵结构，虽然在表格形式上与国际规范有所差异，但基本上已经表达清楚了不同部门和不同资产负债项之间的勾稽关系，资产净值既可以是国家总资产减去国家总负债的净值，也可以是各部门净值的合计，体现了资产负债表的平衡关系。

从数据关系来看，本书依据前文对英国和澳大利亚国家资产负债表的分析，对李扬团队编制的中国资产负债表进行了部门结构和资产负债结构分析，并与英国和澳大利亚进行了比较，由于英国并未统计国外部门，在此仅以国内部门分析。

表6-12 社科院李扬团队编制的2016年国家资产负债表

单位：亿元

2016年	居民部门 资产	居民部门 负债	非金融企业 资产	非金融企业 负债	金融部门 资产	金融部门 负债	政府部门 资产	政府部门 负债	国外部门 资产	国外部门 负债	国内合计 资产	国内合计 负债	合计 资产	合计 负债
一、非金融资产	1771943		1988825		28723		455962				4245453		4245453	
1. 固定资产	1771943		777409		13185		143410				2705946		2705946	
2. 存货			934946		15539		6005				940951		940951	
3. 其他非金融资产			276471				306547				598556		598556	
二、金融资产与负债	1805676	391700	1410097	3398922	3641061	3669784	1005242	272516	325688	454842	7862076	7732922	8187764	8187764
1. 通货	55508		6306		8186	74884	1390		3495		71389	74884	74884	74884
2. 存款	883250		530895		152016	1832665	271064		21836	26397	1837226	1832665	1859062	1859062
3. 贷款	17435	391700		936280	1353153			3536	42336	81408	1370588	1331515	1412924	1412924
4. 未贴现银行承兑汇票			39000	39000							39000	39000	39000	39000
5. 保险	93737		40412			133911					134149	133911	134759	134759
6. 金融机构往来					150096	150096			610	849	150096	150096	150096	150096
7. 准备金					246352	246352					246352	246352	246352	246352
8. 债券	27439		6433	179200	563288	201636	5108	225981	14939	10389	602268	606817	617206	617206
9. 股票及股权	378749		661036	1692606	314908	207945	519726		41005	14873	1874419	1900551	1915425	1915425
10. 证券投资基金份额	141460		34885		91144	91144	19488				731151	731151	731151	731151
11. 中央银行贷款						0					91144	91144	91144	91144
12. 其他	208097			353564			188466	42999			396563	396563	396563	396563
13. 外商直接投资			91129	198272					198272	91129	91129	198272	289401	289401
14. 国际储备资产					226601				3195	229796	226601	0	229796	229796
合计	3577619	391700	3398922	3398922	3669784	3669784	1461204	272516	325688	454842	12107529	7732922	12433217	8187764
资产净值		3185919		0		0		1188688		-129154		4374607		4245453

（1）从经济部门结构来看（见表6-13），非金融资产部门结构与英国和澳大利亚较为类似，但中国非金融企业的非金融资产占比更高，侧面体现了我国制造大国的现状。在金融资产中，中国政府部门拥有的金融资产相较于英国和澳大利亚较高，非金融公司拥有的金融资产比例也较高，从而造成我国金融资产相对平均和分散。在金融负债中，我国非金融公司的负债水平非常高，高负债水平为非金融公司创造价值的同时，也可能带来债务风险。这应当是我国非金融实体企业尤其需要注意的问题。在净资产中，非金融公司和金融部门实现了收支相等，主要原因是李扬团队编制的国家资产负债表直接引用了金融部门中央资产负债表和非金融公司资产负债表，所以资产负债项本身实现了平衡。这也可以反映出李扬团队编制的中国资产负债表可能由于数据获取困难，还没有进行充分的合并抵消。从居民和政府的净资产来看，我国的国民财富也主要源于居民部门储蓄。此外，我国政府拥有的净资产相对国外也较高，可见我国政府总体上是"有钱的"。

表6-13　中国国家资产负债表部门结构及国际比较　　　单位：%

内容		中国	英国	澳大利亚
非金融资产	非金融公司	46.85	31.82	26.37
	金融部门	0.68	1.48	1.37
	政府部门	10.74	9.82	14.30
	居民部门	41.74	56.87	57.96
金融资产	非金融公司	17.94	6.93	9.60
	金融部门	46.31	70.44	45.06
	政府部门	12.79	2.18	7.20
	居民部门	22.97	20.45	38.14
金融负债	非金融公司	43.95	16.53	29.90
	金融部门	47.46	69.75	44.02
	政府部门	3.52	7.91	9.25
	居民部门	5.07	5.81	16.84
净资产	非金融公司	0	0.96	3.20
	金融部门	0	3.55	-1.51
	政府部门	27.17	-8.62	12.47
	居民部门	72.83	104.10	85.83

注：表中中国数据来源于李扬团队编制的国家资产负债表。下同。

（2）从资产负债项目结构来看（见表6-14），在非金融资产中，虽然李扬团队提到了国家所控制的资源类资产的价值，但由于数据获取难度，可能仅限于部分土地资源的价格，因此，李扬团队采用其他非金融资产列示。在这种情况下，我国的主要非金融资产来自于固定资产和存货，这一点与国外差异较大，原因很可能就是对自然资源类资产价值核算的范围和估价不准。我国作为物资丰富的资源大国，未来自然资源核算必须跟上。在金融资产中，李扬团队核算的项目类型与国际标准不同，更为细致，为了方便比较，本书对其进行了相应的合并。其团队统计的金融负债与金融资产完全一致。比较来看，我国的货币黄金（即国际准备资产）较高，这与我国实际相符。存款和货币比例较高，债券比例较低，与英国类似，加之我国的贷款和股权相对较高，可见我国不属于债券融资模式国家，而是更多地类似于英国的市场化融资模式国家。

表6-14　中国国家资产负债表项目结构及国际比较　　　　单位:%

内容		中国	英国	澳大利亚
非金融资产	固定资产	63.74	45.81	48.11
	存货	22.16	3.08	1.49
	自然资源（其他）	14.10	51.09	50.38
金融资产	货币黄金和特别提款权	3.72	0.06	0.43
	货币和存款	23.18	22.22	3.53
	债券	7.54	11.52	25.12
	贷款	18.37	16.11	16.04
	股票和其他权益	32.32	17.14	48.03
	保险、养老金和标准化担保计划	4.65	14.25	0.59
	金融衍生工具和员工股票期权		17.14	
	其他应收账款	4.84	1.57	6.26
金融负债	货币黄金和特别提款权	3.72	0.04	0.18
	货币和存款	23.18	23.17	7.68
	债券	7.54	13.97	45.38
	贷款	18.37	14.19	13.15
	股票和其他权益	32.32	15.82	31.95
	保险、养老金和标准化担保计划	4.65	14.30	0.09
	金融衍生工具和员工股票期权		16.99	
	其他应付账款	4.84	1.54	1.57

此外，李扬团队还汇总了政府部门债务占 GDP 比重（即政府部门杠杆率，也称政府部门负债率）、居民部门债务占 GDP 比重、金融机构部门债务占 GDP 比重、非金融企业部门债务占 GDP 比重和全体部门总计债务占 GDP 比重（即全社会杠杆率或全国负债率）。表 6-15 展示了中国社会科学院李扬团队编制的国家资产负债表的主要指标。如表 6-15 所示，李扬团队统计的政府部门负债总计占 GDP 的比值，即全社会杠杆率或负债率，与国际货币基金组织发布的中国政府负债率数据较为接近，但所有部门负债总计占 GDP 的比值却远高于政府部门的负债率，其中是否存在有内部债权债务尚未合理抵消的原因不得而知。

表 6-15　李扬团队编制的国家资产负债表主要指标　　单位：亿元

年份	非金融资产	金融资产	负债	净资产	政府部门负债占 GDP（%）	所有部门负债占 GDP 的比重（%）	IMF 的负债率（%）
2000	375494	531669	526861	380302	20.76	142.00	22.81
2001	439219	613137	608682	443674	22.66	147.00	24.38
2002	538401	707051	700891	544562	25.04	162.00	25.71
2003	639741	846801	838916	647625	27.70	174.00	26.57
2004	770343	1069788	1051017	789113	27.57	170.00	26.17
2005	902760	1253969	1224236	932493	27.49	163.00	26.1
2006	1072998	1498630	1447949	1123679	26.74	171.00	25.38
2007	1312000	1891454	1801042	1402412	30.09	172.00	29.04
2008	1508096	2344074	2224707	1627463	28.06	170.00	27
2009	1779449	2835033	2724679	1889803	33.80	187.00	32.56
2010	2170386	3445650	3319871	2296165	32.84	192.00	33.09
2011	2614189	4007057	3875624	2745621	31.56	—	33.09
2012	2897905	4652646	4511521	3039029	32.23	215.00	34.02
2013	3284500	5398011	5250836	3431675	35.65	—	36.93
2014	3507037	6149513	6020981	3635569	38.82	235.70	39.83
2015	3824264	6981395	6845129	3960531	36.89	249.00	42.92
2016	4245453	7862076	7732922	4374607	36.71	—	22.81

注："—"为缺失数据。

除国家层面的资产负债表外，李扬团队还在 2013 年著作中试编了地方政府层面的资产负债表，但地方政府资产负债项不同于国家层面的资产负债项，而以粗略的负债分类作为列示。虽然这一研究是我国当前地方政府债务披露的重大创新，但这样的形式难以与其他部门进行比较。表 6-16 显示了李扬团队编制的地方政府资产负债表情况。从统计表来看，地方政府资产主要包括地方国有经营性资产和非经营性资产，地方政府所拥有的资源性资产以及地方政府在中央银行的存款。2007~2011 年，地方政府总资产从 498735.23 亿元增加到 899837.01 亿元，增长了 0.8 倍，其中地方政府所拥有的资源性资产和地方国有经营性资产是主力，且增长较快。总负债按照债务矩阵分类列示，内容已经基本涵盖了地方政府负债类型。2007~2011 年，地方政府总负债从 138932.2 亿元增加到 288592.18 亿元，增长了 1.08 倍。在总负债构成中，直接负债的规模相对有限，或有负债占绝大部分比重，尤其是包括城投债在内的或有显性负债规模较大，且增长较快。2007~2011 年，地方政府的总资产和总负债均呈扩张趋势，但由于总资产的增幅高于总负债的增幅，净资产也呈增长趋势。从 2007 年的 359803.03 亿元增加到 2011 年的 611244.83 亿元，增长了 0.7 倍。从净值方面来看，地方政府的债务风险相对安全。

表 6-16 2007~2011 年中国地方政府资产负债简表　　　单位：亿元

类别 \ 年份	2007	2008	2009	2010	2011
总资产	498735.23	586179.42	637972.16	755268.95	899837.01
1. 地方国有经营性资产	132688.47	156721.1	183431.44	233896.12	292156.98
2. 地方国有非经营性资产	44531.79	48581.63	54961.69	62250.4	70758.03
3. 地方政府所拥有的资源性资产	312720.97	370983.69	386071.03	443371.43	520022
4. 地方政府在中央银行的存款	8794	9893	13508	15751	16900
总负债	138932.2	157734.69	189351.81	240953.14	288592.18
1. 直接显性负债	2367.7	2167.76	4342.49	6972.84	9591.1
A. 地方政府债券	—	—	2000	4000	6000
B. 地方政府主权外债	2367.7	2167.76	2342.49	2972.84	3591.1
2. 直接隐性负债	18120.53	20095.72	20353.79	22126.48	24287.95

类别 \ 年份	2007	2008	2009	2010	2011
3. 或有显性负债	27337.31	41408.12	123341.03	151047.66	157940
A. 地方政府有担保责任债务	9833.79	12142.77	19661.57	23369.74	24835.02
B. 地方公共部门债务	17503.52	29265.35	103679.46	127677.92	133104.98
（a）所属公共事业单位债务	7503.52	9265.35	15002.46	17831.92	18949.98
（b）地方政府融资平台债务	10000	20000	88677	109846	114155
4. 或有隐性负债	91106.66	94063.09	41314.5	60806.16	96773.13
A. 地方金融机构不良资产	6697.26	2958.15	2625.9	6566.74	5561.64
B. 地方国有企业债务	84409.4	91104.94	38688.6	54239.42	91211.49
净资产	359803.03	428444.73	448620.35	514315.81	611244.83

总结而言，李扬团队针对国家资产负债表已经进行了非常详细的编制工作，付出了巨大的努力。但从编制结果来看，依然存在一些不足。具体表现为以下四个方面：

（1）李扬团队的研究基本上基于现有公开统计数据，对于政府和居民等难以获得的机构部分数据统计比较粗略，且仍存在缺失。

（2）李扬团队虽提出各部门的估算方法和数据来源可能存在差异，直接汇总很难保证资产与负债的完全对应和匹配，但其也未提出有效的合并方法，且从其核算的全社会杠杆率（所有部门的负债率）来看，显然是各个部门的直接加总，而没有进行详细的内部的债权债务合并。

（3）李扬团队的研究主要直接面向国家最高层次的编制设想和风险分析，对于地方政府综合和部门资产负债表的考虑较少，且编制方法与国际标准和国家层面差异较大，难以进行详细比较。

（4）自然资源作为国家具有经济价值的资源，其完全应以价值量的方式纳入国家资产负债表体系之中，否则报表就不符合完整性的要求，李扬团队在地方政府资产负债简表中提出了地方政府资源性资产的价值，但没有具体指出自然资源的类别，也没有在国家整体层面的资产负债表中指出。

二、中国人民银行杜金富团队数据

中国人民银行杜金富、王毅等也是研究国家和政府资产负债表的重要团队，其在国家自然科学基金重点项目"政府资产负债表测度核算的理论方法和政策研究"中形成了重要的研究成果，即《中国政府资产负债表编制研究》及《中国政府资产负债表（2008-2016）》。在其著作中详细编制了我国 2008~2016 年狭义政府、广义政府（狭义政府和事业单位、政府控制的非营利组织合计）、中央银行、国有金融机构以及国有企业的政府资产负债表。在此，本书展示了杜金富团队狭义政府资产负债表数据（见表6-17）。

表6-17　杜金富团队编制的狭义政府资产负债表　　　　单位：亿元

类别 \ 年份	2008	2009	2010	2011	2012	2013	2014	2015	2016
一、资产	254145	313903	380313	427958	445180	554481	578280	627438	696654
（一）金融资产	166281	190625	215988	240732	263792	312435	356162	403546	453127
现金和存款	36645	45336	53300	58664	64634	80744	91623	95348	101372
借出款项	359	530	1105	1616	2354	2884	3538	4142	4675
有价证券	5404	7225	8890	9073	8443	13032	15876	19827	21142
应收转贷款	862	0	0	0	0	0	0	0	0
应收预付款	4653	5720	7051	8621	9641	11172	14319	11781	19230
出资额	118108	131221	145204	162075	177685	203450	229455	265029	305087
其他金融资产	250	593	438	683	1035	1153	1351	1419	1621
（二）非金融资产	87864	123278	164325	187226	181388	242046	222118	223892	243527
固定资产	52661	65468	73992	81863	86586	98634	102647	111177	115557
在建工程	2687	3416	3429	3621	5784	4649	8113	10135	11827
公共基础设施	0	0	0	0	0	0	739	1217	1534
存货	147	194	256	387	547	751	953	1299	1696
土地	32369	54200	86648	101355	88471	138012	108457	98498	112314
无形资产	0	0	0	0	0	0	152	250	429
其他非金融资产	0	0	0	0	0	0	1057	1316	170

年份 类别	2008	2009	2010	2011	2012	2013	2014	2015	2016
二、负债	76903	91552	108050	124499	143496	164055	189850	251542	330014
应付政府债券	48753	57411	66628	73839	82522	91780	103075	149758	219043
应付政府转贷款	862	0	0	0	0	0	0	0	0
社会保障保险基金	20082	25599	31073	38542	47643	56400	65254	45082	82908
应缴款	74	56	68	78	63	60	93	122	140
应付预收款	6640	8087	10090	11737	12961	15327	19534	24042	26801
有价证券	416	315	97	207	203	384	533	1023	791
其他负债	76	84	94	96	104	104	1361	1515	331
三、净值	177242	222351	272263	303459	301684	390426	388430	375896	366640

第五节　数据披露比较分析

　　准确的数据为研究地方政府债务问题提供了重要的事实基础。缺乏可靠的地方债数据，将严重阻碍对地方政府债务开展深入、系统的学术研究和政策分析。当前，理论界与实务界均十分关注地方政府债务的统计方法及数据披露[1]。本书对学术研究中利用较多的四个途径：财政预算数据、审计数据、城投债数据以及学者自编数据进行了总结和分析。从我国债务数据披露来看，财政部是我国地方政府债务的归口管理部门，理应对地方债进行统计、汇总和管理，但实际上，2014 年之前地方政府没有发债权，我国债务统计以国债为主，不区分中央和地方。2014 年之后地方政府获得发债权后，发行债券的模式、程序等更为透明和公开。财政部从 2014 年开始每年公布各地方政府性债务限额和余额，且从 2019 年开始财政部按月公布各地方发行债券的规模和利率等。因此，目前

---

　　[1]　由于对地方政府债务的理解存在差异，导致出现多种统计口径，包括地方债、地方（政府）债券、地方（政府）债务、地方政府性债务、城投债、融资平台公司债务、地方（政府）显性债务、地方（政府）隐性债务、一般债务、专项债务、一般债券和专项债券等不同名称。

财政部披露的数据主要是地方政府直接显性负债。审计署披露的地方政府债务数据较财政部数据具有一定的进步，不仅对政府的直接显性债务进行了审计，还初步核算了地方或有债务和隐性债务，但仅有两次审计结果，共三个时点的数据，且审计署对地方债的三分类法较为笼统。相对而言，城投债数据从1997年左右开始出现后，一直属于地方政府相对较为公开披露的债务信息，但这一项内容难以反映地方政府或有负债的全貌，且如果进行了政府部门、金融部门和非金融企业部门等的债权债务合并抵消后，城投债对地方政府的影响还有多少，难以说明。学者自编国家资产负债表是我国研究地方债问题的新领域，但目前由于数据缺陷，各学者自编的政府资产负债表还不够完善。

总结我国地方债数据披露途径可见，虽然地方债数据趋于公开化和透明化，但我国尚未有权威、统一的渠道公布地方政府全部债务信息，尤其是隐性债务仍难以统计。目前披露的地方债数据仅是债券类债务数据，对于经常性债务披露不足，且相对比较片面。此外，各部门对地方债还未形成统一的分类和口径，地方债发布的数据与真实举债规模到底差距多少，各地区情况也难以说明。数据乱象的情况由表6-18可见一斑，各数据来源对地方政府债务规模的统计差异较大。

表6-18 地方政府债务规模各数据来源比较 单位：亿元

类别＼年份	2008	2009	2010	2011	2012	2013	2014	2015	2016	2017	2018	2019
财政预算							154074	160074	153164	165100	184619	213072
政府债券								38351	60458	43581	41652	43626
审计数据				178908	158858	107174						
城投债	992	3223	3126	3996	9670	10426	19165	18227	25326	19821	16373	
李扬团队	157734	189351	240953	288592								
杜金富团队	76903	91552	108050	124499	143496	164055	189850	251542	330014			

总结来看，本章基于第四章国外发达国家资产负债表对地方政府债务反映、揭示和治理作用，拟进行国内类似的分析。但就我国具体现实来看，官方编制的国家资产负债表并未对外公开披露数据，官方部门如财政部和审计署披露的

地方债数据均存在一定不足，学者自编资产负债表虽然取得了较大进步，但数据的准确性和权威性不足，且同样存在编制不足。具体地，本书整理并比较了我国主要地方债数据披露情况，主要包括审计署 2010 年和 2013 年全国地方政府性债务审计结果、财政部预算司公布的每个月份地方政府债券发行和债务余额情况、地区投融资平台发布的城投债以及国内知名学者编制的国家资产负债表测算的地方政府债务数据等。本章通过对这些数据地方债规模的分析和比较发现，当前我国地方债数据披露仍存在较大问题，由于地方债具有统计口径复杂、债务分散、数据敏感、隐性债务等问题，使得数据往往难以获取。现有关于地方债及国家资产负债表方法仍存在较大弊端。因此，我国当前迫切需要健全和完善相关财务制度，建立全国统一标准和口径的全国和地方资产负债表，以准确反映各地方资产负债情况，起到对地方债反映和治理的作用。编制全国和地方资产负债表是我国进行国家比较和提出治理地方债有效措施的重要途径。

第七章

完善国家资产负债表编制及应用的制度路径

前文已述，英国、澳大利亚等发达国家均已编制了全国范围的国家资产负债表，且根据全国综合资产负债表和部门综合资产负债表，可以详细统计全国总债务和地方政府总债务，且可以建立有效评估债务风险的指标体系。从我国情况来看，目前地方政府债务数据披露已经得到了一定的发展，但各数据来源口径不统一，数据结果差异较大。当前我国国家资产负债表还处于初步探索阶段，不同单位和学者试编的国家资产负债表从国家层面和宏观经济层面进行了尝试，但初步来看，这些成果还未进行广泛的应用，国家资产负债表的有用性以及对地方政府债务的治理作用还未体现出来。因此，我国迫切需要建立完善的国家资产负债表体系。我国政府部门开始进行的权责发生制综合财务报告改革为完善国家资产负债表起到了决定性作用。因此，本章重点讨论当前我国如何完善国家资产负债表。

总结前文研究，资产负债表反映地方债是从资产、负债和净值方面综合考虑一国应对风险的能力。如果研究地方债，仅从债务规模或负债率角度讨论债务风险，结果可能是偏颇的。这是本书研究提出的核心观点。从英国和澳大利亚的国家资产负债表业务实践来看，国家资产负债表具有巨大的能力，从不同资产项目、负债项目、资产和负债之间的分析可以获得关于国家经济发展的重要"描述"或"刻画"，能真实地反映一国的"家底"；从国家资产负债表的动态变化过程分析又可以得出国家宏观经济发展趋势和未来发展方向的重要结论。虽然英国和澳大利亚在国家资产负债表编制内容、形式以及核算汇总方法上存在差异，但这主要是国家政治体制背景的差异以及辅助国家治理和发展的需求导致的。不可否认的是，两国的国家资产负债表均已满足丰富的数据分析要求，尤其是对政府债务的分析。此外，本书认为在国家资产负债表较为完善和成熟的基础上，研究和分析各项内容的增量更有价值，正如 GDP 核算一般以增长率考虑的居多一样。而且在债务分析时，资产也是不可忽略的重要内容，以资产负债率、净资产增长率衡量的债务风险水平更为合理。而目前我国对地方债的分析都是从某一侧面或某一具体类别（如城投债、地方债券等）进行的分析和研究，且几乎全部采用的是债务占 GDP 的比值这样的以收入类指标为分母的替代变量，这不足以完整地探清国家整体债务风险。

从党的十八届三中全会提出编制全国和地方资产负债表的要求后，仅七年的时间还未出现初步的全国和地方资产负债表对外公布。根据这一现状，本书从非金融企业部门、金融部门、政府部门、NPISH 部门、居民部门以及国外部门六个部门详细探讨我国建立和编制国家资产负债表的可行性和操作性。本书认为，目前国内各经济部门，除居民部门外，其他五个部门均具备会计核算基础；即使是居民部门，在我国主要表现为广大的农村居民，通过完善农村资产负债表也能实现居民部门资产负债表的编制。因此，在"国外有，而国内没有"的现实处境下，我国必须加快国家资产负债表体系和制度建设。

第一节　完善非金融企业部门和金融部门资产负债表

非金融企业部门和金融部门是六大部门中会计基础相对比较成熟和完善的部门，虽然目前我国没有全口径非金融企业部门资产负债表和全口径的金融部门资产负债表，但由于微观企业及金融机构都具备各自的资产负债表，因此，相对而言，汇总形成这两个部门整体的资产负债表并不是非常难的工作。

一、非金融企业资产负债表

非金融企业在我国主要包括国有企业和民营企业，其在微观经营中总要进行完整的会计核算，形成包括资产负债表在内的财务报表，其中，上市公司数据还实现了全部公开。表 7-1 展示了非金融企业资产负债表形式。

表 7-1 非金融企业资产负债表

资产	期末余额	年初余额	负债和所有者权益（或股东权益）	期末余额	年初余额
流动资产			流动负债		
货币资金			短期借款		
交易性金融资产			交易性金融负债		
应收票据			应付票据		
应收账款			应付账款		
预付账款			预收账款		
应收股利			应付职工薪酬		
应收利息			应交税费		
其他应收款			应付利息		
存货			应付股利		
一年内到期的非流动资产			其他应付款		
其他流动资产			一年内到期的非流动负债		
流动资产合计			其他流动负债		
非流动资产			流动负债合计		
可供出售金融资产			非流动负债		
持有至到期投资			长期借款		
长期应收款			应付债券		
长期股权投资			长期应付款		
投资性房地产			专项应付款		
			预计负债		
固定资产			递延所得税负债		
在建工程			其他非流动负债		
工程物资			非流动负债合计		
固定资产清理			负债合计		
生产性生物资产			所有者权益（或股东权益）		
油气资产			实收资本（或股本）		

续表

资产	期末余额	年初余额	负债和所有者权益（或股东权益）	期末余额	年初余额
无形资产			资本公积		
开发支出			盈余公积		
商誉			未分配利润		
长摊待摊费用			减：库存股		
递延所得税资产			所有者权益（股东权益）合计		
其他非流动资产					
非流动资产合计					
资产总计			负债和所有者权益合计		

对于非金融企业编制方法，中国社会科学院李扬团队认为理想的非金融企业部门资产负债表应由每一期的所有资产负债表合并或加总为一张表，但由于中国非金融企业以千万计，从成本效益的原则看不符合现实。现实是一些机构或个人会根据需要，从非金融企业中抽样形成特定部门的资产负债表。因此，李扬团队主要是收集企业资产负债表、经济普查数据、资金流量表以及金融统计数据等拼凑和估算出国家整体层面的非金融企业资产负债表。本书认为这样的做法虽然为国家层面编制资产负债表工作节约了成本和时间，但前期各部门进行经济普查和编制金融、会计统计表也耗费了大量的成本，如果在全国各级政府层面均倡导编制非金融企业的合并报表，那么汇总至国家层面便相对容易，且地方层面的合并报表也有利于分析地区经济发展和资产负债规模。不然，只有最高国家层面的相关报表，也不符合党的十八届三中全会提出的"编制全国和地方资产负债表"；而且仅在国家层面进行拼凑和估算，在学术研究中数据不足的前提下尚且可以，但并不能建立起利于长远发展的国家资产负债表体系。此外，李扬团队核算的数据大部分来自于统计年鉴等，在披露时间上具有严重滞后性。对此，本书提出非金融部门的编制设想。

首先，在编制内容上，基于表7-1的各种资产负债项目，根据《企业会计准则33号——合并财务报表》，本书总结了非金融企业编制合并资产负债表的主要思路。

第一，按照母公司和子公司合并抵消的原则，按照"控制"关系将资产、负债和所有者权益项目合并，并抵消母子公司之间的长期股权投资与所有者权益中所享有的份额，以及相互之间发生的内部交易的影响，形成母公司合并报表。

第二，在国家范围内分成国有企业和非国有企业，将不同公司之间存在债权债务关系的业务相抵消，其他资产负债项合并，形成国有企业资产负债表和非国有企业资产负债表。

第三，在国家层面进一步合并抵消国有企业和非国有企业之间的债权债务关系，形成国家总体非金融企业资产负债表。

第四，将企业类型资产负债项目大类合并，对应转换为国家资产负债表项目，形成如表7-2所示的主要框架。这里需要注意的是，宏观的国家资产负债表主要以年末市场价格估价编制，而微观企业资产负债表主要是历史成本和公允价值混合计量的模式。对此，非金融企业中以历史成本计价的资产应当在每年年末进行以物价变动系数为主要形式的重估值。

表7-2 非金融企业资产负债表主体框架

资产	负债和所有者权益
非金融资产	负债
固定资产	借款
存货	应付债券
生物资产	其他应付款
无形资产和递延资产	企业间债务
其他资产	其他负债
金融资产	所有者权益
货币资金或其等价物	
企业间信用	
其他金融资产	

其次，从编制程序来看，本书认为应该从横向和纵向同时进行。纵向为全国的非金融企业体系，主要以各企业按"控制"原则形成母公司合并报

表，再与其他企业进行业务合并抵消，最后汇总形成国家所有非金融企业的部门资产负债表。横向各地区应按"属地"原则将本地区所属的非金融企业进行合并抵消，形成地方资产负债表中的非金融企业部门。在这里需要特殊讨论两个问题：

（1）母子公司合并主要依据"控制"关系，以母公司（控制方）编制合并报表，如果企业间不存在控制关系，而进行债权债务抵消时，合并报表由谁编制，是否会出现多计或少计的情况？对此，本书认为国家整体层面的非金融企业应该由国资委汇总所有的国有非金融企业的合并抵消业务，由国家工商管理部门负责汇总所有的私有非金融企业的合并抵消业务。而地区层面的非金融企业资产负债表应该根据"属地"原则，由地区相关政府部门汇总本地区所属企业的合并报表。

（2）在现实中，常常出现一个大型企业跨多个地区层级的现象。对此，本文考虑以下两个问题：①如果是非国有企业，母公司位于哪一级别则汇入哪一级别的地方资产负债表中，主要以总公司所在地判断，如娃哈哈位于杭州总部，则汇入杭州市级资产负债表。②如果是国有企业，由于国有企业与地方政府的关系密不可分，而国有企业的分公司在地方一般属于税收大户，且债务与地方政府相关。在这种情况下，本书认为可以参考国有企业上缴中央收入比例等规定，按照资产规模等原则，制定该企业在不同级别地方政府的"分成"。例如，山东能源集团属于山东省国有企业，但集团内包括新矿集团、枣矿集团、淄矿集团、肥矿集团、临矿集团、龙矿集团、盛鲁能化等多个子公司，而且每一个在所属地都有重要贡献。在这种情况下，山东能源集团整体汇入山东省非金融企业资产负债表，但需要按比例分成汇总至淄博市、枣庄市等地方资产负债中。这样的工作看似烦琐，但只要制度确定下来，实施是相对容易的。具体程序可从图7-1中简单反映。

总体来看，非金融企业在宏观层面的国家资产负债表中和在微观层面的企业资产负债表中具有相同的计量基础，从微观到宏观主要的差异仅在于编制主体的变化，即由企业扩大到同级别同部门，再到不同级别同部门，进而最终形成以国家为编制主体的非金融企业部门资产负债表。

这样的工作看似复杂，但当经过试点之后，依照合并财务报表的固定工作模式，加上计算机的高效运行，定期、按时编制这样的报表便不再困难！目前，

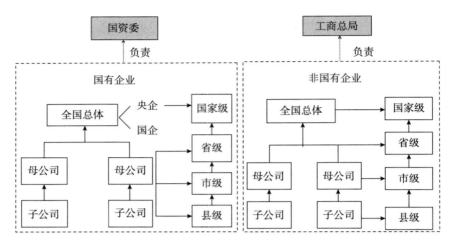

图 7-1　非金融企业的编制程序

我国中石油、中石化、国家电力等巨型公司在编制合并财务报表时，也能及时、高效地完成，就说明其他非金融企业同样可以。进一步地，这样的非金融企业的部门合并财务报表（可以再细分为国资委牵头的国有企业合并报表、工商管理部门牵头的非国有企业的合并报表，我们甚至不排斥以各地市进行的部门合并报表）不仅是准备国家资产负债表的需要，也是该部门进行全面管理而需要的重要信息资料。与此相比，李扬团队所述的编制方法、所依据的编制资料等，与现代会计理论和方法相比，仍然具有巨大的局限性。

二、金融部门资产负债表

金融部门在我国主要表现为银行、保险和券商等，其中银行又包括国有银行和商业银行。近年来，以基金、信托、表外理财等形式出现的影子银行发展较快，也理应纳入金融部门资产负债表。目前，我国中央银行有按月发布的《其他存款性公司资产负债表》，主要包括国有银行和各类商业银行以及企业集团的财务公司等；以及按月发布的《货币当局资产负债表》，主要核算中央银行业务。李扬团队编制的金融部门资产负债表主要就是利用这两类现成的报表，以及根据《信贷收支表》《金融流量表》和非银行金融机构的企业资产负债表形成和估算了全国规模的金融机构资产负债表。对此，本书仍不赞成这样的编制方法。本书认为应如非金融部门一样从横向和纵向建立金融部门资产负债表体系。从编制内容来看，表7-3展示了中国人民银行发布的资产负债表形式。

表7-3　中国人民银行发布的资产负债表

货币当局资产负债表	其他存款性公司资产负债表
国外资产	国外资产
外汇	储备资产
货币黄金	准备金存款
其他国外资产	库存现金
对政府债权	对政府债权
其中：中央政府	其中：中央政府
对其他存款性公司债权	对中央银行债权
对其他金融性公司债权	对其他存款性公司债权
对非金融性部门债权	对其他金融机构债权
其他资产	对非金融机构债权
总资产	对其他居民部门债权
储备货币	其他资产
货币发行	**总资产**
其他存款性公司存款	对非金融机构及居民负债
非金融机构存款	纳入广义货币的存款
不计入储备货币的金融性公司存款	单位活期存款
发行债券	单位定期存款
国外负债	个人存款
政府存款	不纳入广义货币的存款
自有资金	可转让存款
其他负债	其他存款
总负债	其他负债
	对中央银行负债
	对其他存款性公司负债
	对其他金融性公司负债
	其中：计入广义货币的存款

续表

货币当局资产负债表	其他存款性公司资产负债表
	国外负债
	债券发行
	实收资本
	其他负债
	总负债

基于表7-3可见，我国金融部门现有的资产负债表没有非金融资产的核算。虽然与实体经济相比，金融部门的非金融资产规模较小，但为了国家资产负债表的完整性也应当核算。金融部门的金融资产和金融负债与国家资产负债表中的分类较为类似，可以对应合并形成银行业资产负债表。因此，从编制内容上，各金融部门应增加对非金融资产的核算。

从编制程序来看，银行类金融机构可以直接按原有合并报表方式汇总至中国人民银行。在金融部门中，相对比较麻烦的是非银行金融机构资产负债表的编制。非银行金融机构在我国表现为信托投资公司、证券公司、保险公司、公募基金、私募基金、小额贷款公司、P2P公司、保理公司、财富管理公司、金融租赁公司等。对于这类金融机构的核算，李扬团队提出可以以各类金融工具为起点，将主要金融工具的资产负债表改造为非银行金融业资产负债表。对此，本书认为这种方法仍然仅适用于国家层面金融部门资产负债表编制，对于地方层面实施难度较大。另外，这类非银行机构也都存在各自的资产负债表，可以由银保监会、证监会负责自下而上逐级合并汇总此类机构。具体地，由银保监会的"银"负责银行业，"保"负责保险业；证监会负责证券、基金以及其他财务公司行业。汇总原则依然为"属地"原则，即各金融企业总部属于哪一级行政区划即归入哪一级地方资产负债表中。而对于全国性的大型银行，由于其分支机构不具备独立法人资格，不属于会计核算主体，一般由总行编制合并资产负债表。对于这种情况，本书认为可以参考前文关于大型国有企业的做法，即将分支机构贡献的资产和负债按比例"分成"至各低级行政区划。金融部门的编制程序如图7-2所示。

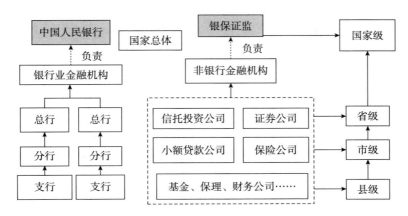

图 7-2　金融部门的编制程序

　　总结金融部门来看，中央银行原本的合并资产负债表较为完善，相对整合成国家资产负债表的难度较小。近年来，由于影子银行的出现，金融业务往来越来越复杂，可能存在大量的合并抵消工作。此外，由于金融部门主要以金融资产和金融负债为主，国家整体的合并资产负债表不再反映金融业务往来细节，然而这些业务往来可能对于金融部门内部管理具有重要的作用，因此，可以通过增加报表附注的形式，充分反映合并抵消前的一些往来细节。同样地，金融部门资产负债表依照合并财务报表的固定工作模式，加上计算机的高效运行，也能及时、高效地编制完成。

第二节　建立和完善政府部门及非营利机构资产负债表

　　政府部门和非营利机构（或称事业单位）是国家资产负债表的重要组成部分，也是反映地方债最直接的报表。过去我国政府长期执行的是预算会计，主要记录当前收入和支出，较少考虑资产负债情况。2011 年我国开始推进事业单位分类改革，2014 年财政部开始推进政府部门综合财务报告。至此，政府部门和非营利机构已基本上具备了与非金融企业和金融部门一致的核算基础，即权责发生制的核算原则。目前，政府部门和事业单位均存在资产负债表等报表形式，但由于缺乏信息披露机制，政府部门和事业单位资产负债表难以对外公布。此外，政府部门资产负债表会计准则公布只有 1 年时间，相关数据不够完善。因此，对于我国而言，政府和事业单位是国家资产负债表编制中比较难的部分。在此，本书需要指出的是，财政部最新政府会计准则 9 号要求的是预算管理下的政府资产负债表，并不是国民经济核算体系下的政府部门资产负债表，但却是国民经济核算体系下的政府部门资产负债表的基础。

一、政府部门资产负债表

首先，政府部门资产负债表的难点主要在于政府部门的确定。SNA2008 中是将狭义的政府概念作为政府部门的范围，即仅包括中央政府和地方政府。而国际货币基金组织 2014 年发布的《政府财政统计手册》（GFSM2014）划分了广义政府和公共部门，以及政府主体包括的所有政府单位及其控制的非市场、非营利性机构单位（NPISH）。公共部门包括广义政府，也包括常设公共企业。对于政府范围的问题，我国财政部发布的最新的《政府会计准则 9 号——财务报告编制》要求，编制范围对政府下属企业或单位以"属地"或"控制"原则来确定。因此，本书认为应编制包括中央政府和地方政府在内的狭义政府资产负债表，然后可以向英国一样编制公共部门资产负债表，即涵盖政府及事业单位和国有企业的资产负债表。在此，本书主要分析狭义政府资产负债表。

其次，从编制内容来看，表 7-4 展示了当前我国最新 9 号会计准则要求下的政府资产负债表。政府由于掌管着一个地区重要的公共资源和公共资产，因此资产和负债项目核算相对较为复杂。

表 7-4　9 号准则下的政府资产负债表

资产	负债和净资产
流动资产	**流动负债**
货币资金	短期借款
短期投资	应交增值税
财政应返还额度	其他应交税费
应收票据	应缴财政款
应收账款净额	应付职工薪酬

续表

资产	负债和净资产
预付账款	应付票据
应收股利	应付账款
应收利息	应付政府补贴款
其他应收款净额	应付利息
存货	预收账款
待摊费用	其他应付款
一年内到期的非流动资产	预提费用
其他流动资产	一年内到期的非流动负债
流动资产合计	其他流动负债
非流动资产	流动负债合计
长期股权投资	**非流动负债**
长期债券投资	长期借款
固定资产原值	长期应付款
减：固定资产累计折旧	预计负债
固定资产净值	其他非流动负债
工程物资	非流动负债合计
在建工程	受托代理负债
无形资产原值	负债合计
减：无形资产累计摊销	
无形资产净值	
研发支出	
公共基础设施原值	
减：公共基础设施累计折旧	
公共基础设施净值	
政府储备物资	
文物文化资产	
保障性住房原值	

资产	负债和净资产
减：保障性住房累计折旧	
保障性住房净值	
长期待摊费用	**净资产**
待处理财产损溢	累计盈余
其他非流动资产	专用基金
非流动资产合计	权益法调整
受托代理资产	净资产合计
资产总计	**负债和净资产总计**

在此，本书重点讨论政府资产负债表编制的四个难点问题：

（1）从项目来看，目前政府资产中并没有自然资源的"影子"，通过英国和澳大利亚资产负债表的分析发现，自然资源均在两国非金融资产中占非常高的比例，而我国同样属于地大物博、物产丰富的国家，核算自然资源对于丰富国家非金融资产、完善资产负债结构等具有重要的意义。我国政府部门应当逐步加入这一资产类别，但是自然资源的实物量和价值量核算是相对复杂和困难的事情，对此，本书认为应大力推进自然资源资产负债表的编制工作，首先，确立好自然资源资产类别和价值。目前我国的自然资源部、统计局等不同部门均在积极尝试和推进此项工作。其次，在自然资源入表的问题上，本书认为优先确定有经济价值、对经济和社会发展影响重大的资源类型，如土地资源、森林资源和矿产资源等。

（2）政府资产项目中多个内容涉及权属问题，例如，有一些横跨多个地区的森林和矿产资源，或者横跨多个地区的交通运输设备等。关于这类资产的价值确认，本书认为可以根据"权属"原则进入所有权的本级政府资产负债表，也可以根据"属地"原则进入所在地的本级政府资产负债表。例如，黄山森林公园按所在地属于安徽省黄山市，按所有权属于国家级森林公园。本书认为这一问题就像国家税收和地方税收一样敏感，涉及中央和地方之间的关系，需要国家确定统一标准。

（3）关于政府部门的金融资产和金融负债，我们需要指出的是这里反映的仅是政府部门预算内收入和支出形成的资产和负债。从负债项来看，主要包括长期和短期借款以及各种应付款项，并未详细区分债务的形成来源，如发行债券等。此外，政府部门列示了预计（或有）负债，但从表内无法显示具体类型，需要建立报表附注制度，完善这些内容的详细类别，像企业资产负债表一样，详细列示其他应付款或长期应付款以及其他非流动负债等科目的具体内容以及预计负债的形成和细节等。只有这样，才能在政府资产负债表中详细反映债务情况。

（4）财政体制下的政府资产负债表是按流动性列报的，需要根据具体内容的实质转换成国家资产负债表按非金融资产、金融资产和金融负债方式列报的形式。

从编制程序来看，9号准则已经指出，合并财务报表按照合并级次分为部门（单位）合并财务报表、本级政府合并财务报表和行政区政府合并财务报表。首先，部门（单位）负责编制本部门（单位）合并财务报表，例如，卫生局资产负债表，编制的内容应包括所有上述表内资产和负债项以及自然资源；其次，本级政府财政部门负责编制本级政府合并财务报表，编制的内容同样包括所有上述表内资产和负债项以及自然资源等。此外，本级财政部门也负责编制本级政府所辖行政区政府合并财务报表，即对行政区内的各部门（单位）的资产负债项进行合并，对部门（单位）间存在的债权债务关系进行抵消。整个政府资产负债表可以从县级单位起步，自下而上逐级汇总，形成国家层面的政府资产负债表。这一编制流程从图7-3中可以清晰看出。

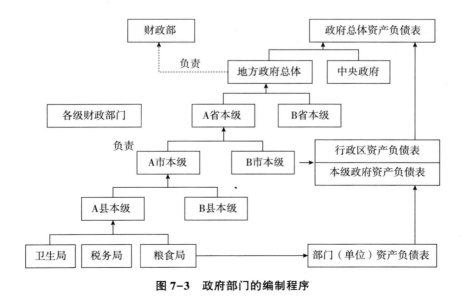

图7-3　政府部门的编制程序

此外，本书认为政府也可以编制公共部门资产负债表。公共部门资产负债表编制程序如图7-4所示。编制公共部门资产负债表主要是为了区分公共部门和私有部门，但在形成国家资产负债表时不包括公共部门，否则国有企业以及事业单位等被重复计算。国家资产负债表仅适用狭义政府。

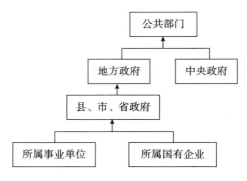

图7-4 公共部门的编制程序

总结而言，政府部门资产负债表是我国当前编制国家资产负债表中最难的部分。原因是，政府部门面临着预算会计向财务会计的转换，然后财务会计向国民经济核算的转换等，需要制定诸多涉及编制细节的衔接或过渡制度，才能逐步实现政府部门资产负债表体系的建立。

本书指出，在进行政府会计改革的同时，如果政府部门建立起了单个政府的财政总预算下的资产负债表，那么按照上述同样的合并报表工作模式，依靠计算机信息技术，也能高效、及时地完成编制工作。

二、非营利机构（事业单位）资产负债表

在SNA2008的规范以及国外实践中，非营利机构（NPISH）列入居民部门（或称住户部门），主要是在国外地区，非营利机构多是民营慈善机构，与政府的关系不是很密切。而在我国，非营利机构（事业单位）其实相当于政府部门的下设机构，约等同于公共部门。我国的非营利机构主要包括教育、科技、体育、文化、卫生、社会福利、交通等类型，例如，公立医院、公立学校等。我国的事业单位由于受财政拨款，其会计制度与政府类似，编制非营利机构的资产负债表在编制内容和编制程序上均与政府部门类似，本书在此不再详

细叙述。

关于非营利机构资产负债表，在此主要强调一下其养老保险缺口问题。由于我国非营利机构主要包括财政全额拨款、差额拨款和无拨款三种类型，对于差额拨款和无拨款单位而言，如何解决养老金收支和隐性债务的问题尤为重要。原则上，非营利机构的养老保险缺口应直接进入政府债务项，同时也会进入居民的资产项。这一项债务属于典型的政府隐性债务，如果不编制非营利机构资产负债表，就难以核实这样的隐性债务。

第三节　建立和完善城镇居民和农村居民资产负债表

通过对英国和澳大利亚资产负债表的分析，本书发现，居民部门（或称住户部门）都是国家净财富的主要创造者。对于居民部门资产负债的核算是国家资产负债表必不可少的部分。从我国情况来看，居民部门主要包括城镇居民和农村居民，而我国绝大部分地区仍属于农村地区。因此，本书在此强调农村会计和农村资产负债表的重要性。农村资产负债表不仅是居民部门的有力依据，也是政府部门资产负债表的最基层单位。

一、城镇居民资产负债表

居民部门是国家资产负债表中所有部门中唯一缺少会计基础的部门，因为城镇居民部门不从事任何生产经营活动，最多仅有家庭流水账。所以，针对城镇居民部门需要由国家统计部门进行大规模的普查。我国关于这方面的制度主要是针对人口和经济普查，普查的表格十分复杂和多元，在此不再列示。对此，本书认为可以由各级统计部门编制《城镇居民部门资产负债表调查资料》，针对城镇居民掌握的资产、负债进行统计，编制相应的资产负债表，并自下而上逐级汇总。从编制内容来看，城镇居民的非金融资产主要包括住房、汽车等。估价主要以每年年末市场价进行估值，并对以前年份进行重估值。城镇居民的金融资产和金融负债项目也比较简单，主要包括存款、保险、证券、股权、债券、贷款以及其他资产。因此，完全可以形成国家资产负债表中居民部门的表格样式的调查表，对城镇居民的住房登记地理位置、居住年限、房屋面积等进行登记，对车辆采用品牌、购买年限、行车距离等进行登记，对固定资产采用名称、品牌、年限、使用情况等进行登记；对金融资产和负债主要采用储蓄金额登记，按每年利率进行估算，并与银行部门进行比对。这些工作看似烦琐、复杂，但利用互联网等技术由城镇居民直接按时完成填报，由统计部门整理和进行估价应该很快就能完成，同时统计部门应对填报信息进行抽查，以设定统计误差。

二、农村居民资产负债表

不同于国外，我国农村区域广阔，农村人口占全国总人口近一半。我国必须针对农村地区建立完善的财务报表制度。我国农村会计有悠久的历史，在新中国成立后，农村会计也经历了农村生产合作社会计、人民公社大队会计、农村社队会计等一系列历史演变。当前，我国农村财务会计制度主要以 2004 年财政部修订的《村集体经济组织会计制度》（以下简称《会计制度》）为依据，但现行的《会计制度》难以解决农村财务管理中胡乱开支、隐藏收入、公款私用、账目不清等问题，同时也难以改变农村财务管理和监督理念薄弱、财务公开不到位、基层地方债务问题突出等现状。因此，建立农村的财务报告体系和政府会计制度尤为重要，村级财务会计报告制度是一项重要的价值创造的基础性机制。只有把这项工作重视起来，加强与农村有关的管理，才能获得更多有价值的宏观管理信息，产生以农村为单位的经济主体自我发展与兴旺的真正动力和压力。

从当前农村资产负债表（见表7-5）来看，"农业资产"和"一事一议资金"等科目属于农村会计独有项目。农村资产负债表简化了部分核算内容，例如，所有者权益中资本公积和盈余公积合并为"公积公益金"，取消财务费用和营业费用，长期投资只用成本法核算等。总体而言，这样的内容体现了财务公开和民主管理的要求，强调了各业务流程的内部控制。

在我国当前农村状况中，农村会计主要实行"村账乡管"或"村账自管"制度，即村集体经济组织可以自行记账，也可以委托乡镇经营管理机构及代理记账机构代理记账、核算。"村账乡管"可以保证农村账目的独立性，但损害了农民的自主权，因此本书提出完善村级财务会计报告制度的五点改进建议。

表 7-5 农村资产负债表

年 月 日

村会 01 表

编制单位：

单位：元

资产	行次	年初数	年末数	负债及所有者权益	行次	年初数	年末数
流动资产：				流动负债：			
货币资金	1			短期借款	35		
短期投资	2			应付款项	36		
应收款项	5			应付工资	37		
存货	8			应付福利费	38		
流动资产合计	9			流动负债合计	41		
农业资产：				长期负债：			
牲畜（禽）资产	10			长期借款及应付款	42		
林木资产	11			一事一议资金	43		
农业资产合计	15			长期负债合计	46		
长期资产：				负债合计	49		
长期投资	16						
固定资产：							
固定资产原价	19						
减：累计折旧	20			所有者权益：			
固定资产净值	21			资本	50		
固定资产清理	22			公积公益金	51		
在建工程	23			未分配收益	52		
固定资产合计	26			所有者权益合计	53		
资产总计	32			负债和所有者权益总计	56		

第一，明确村级财务会计报告制度的基础。在当前背景下，农村财务会计报告制度应明确六项内容：①报表编制的主体应是村委会（或农村社区居委会），负责人应是村长；②报表编制的假定应建立在持续经营基础之上；③报表的目的是为国家资产负债表提供"居民""政府"等部门资产负债表信息和自然资源资产相关的数据，同时服务于农村管理；④报表在编制期间应当是符合

农产品生产规律的日历期间；⑤报表编制的计量应特别强调农产品的主流交易价格，即特殊的公允价值；⑥在政府会计制度改革后，农村财务会计制度编制也应逐步改革为收付实现制和权责发生制的"双基础"。

第二，扩大村级财务会计报告制度的范围。首先，可以进一步扩大现行《会计制度》资产和负债的核算范围。例如，现行《会计制度》中规定的核算资产包括流动资产、农业资产、长期投资和固定资产。其中，农业资产仅包括牲畜（禽）资产和林木资产。但从我国农村现状来看，我国农村地区有大量的其他自然资源。例如，土地资源即包括集体财产的土地、宅基地、林地、沼泽地、未耕种土地（荒地）等，这些是农村的重要资产类型，应当逐步纳入现行会计制度中。负债仅包括短（长）期借款、应付款项、应付工资、应付福利费和一事一议资金，缺少更多金融负债的核算，例如，股权和投资基金、债务性证券、保险、金融衍生品等。这与当前我国诸多农村集体组织开展丰富的金融活动不相符合。

第三，建立村级财务会计报告制度的信息系统。现行《会计制度》中并没有对村级财务会计报告制度信息系统的要求，只规定农村财务报表需要在固定的公开栏等地方向全体成员公示，并上报上级主管部门。因此，现行的农村财务会计报表的应用、分析和利用效率极低。为完成编制国家资产负债表、自然资源资产负债表的宏伟目标，农村财务会计报告要有标准的联网信息系统。这是对新建的村级财务会计报告制度的硬件措施的要求，也是逐渐形成农村之间财产相互兼并、融合形态，形成农村资本的流动势态的必然要求。

第四，加强村级财务会计报告公开和信息披露。现行《会计制度》对于财务报告信息披露的规定是：村集体经济组织应按月份或季度公布科目余额表和收支明细表；按年度公布资产负债表和收益及收益分配表。会计报告应定期向上级财政部门或农村经营管理部门上报，并向全体成员公布。但在实际执行过程中存在的问题有三个：①财务公开情况较差。部分村由于"怕麻烦，图省事"或"怕暴露"等，出现不愿公开、不敢公开的局面，甚至部分村完全没有执行财务公开。②披露得不真实或不充分。③未按时公布。例如，年初应公开的收支预算等年末公开，年末应公开的收支决算等情况次年开春后才公开，使信息披露失去价值。

第五，加强对村级财务会计报告编制和披露的监督。一是现行的《会计制度》并没有提出审计对村集体经济组织财务会计报告的监督，即使是由乡镇进行审计，但大部分乡镇的审计人员隶属于农村经营管理部门，在"村账乡管"下属于"自审自账"，难以独立。二是在实际执行中，财务监督流于形式的情况普遍，大多数村的印章由本村会计人员保管，造成内部控制失效。

第四节　国家综合资产负债表的合并抵消程序

本书上述内容主要分析了非金融企业、金融部门、政府和事业单位部门、居民部门等组成部分的资产负债表完善路径。在此，进一步描述各部门间如何形成国家整体合并报表。

从英国和澳大利亚实践来看，英国国内各部门在计算国家总经济体资产负债时采用了直接相加的统计方法；而澳大利亚国内各部门进行了合并抵消，形成一国金融负债主要是对外负债的结构。相对而言，本书认为澳大利亚的实践在反映一国真实资产和负债水平上是更准确的。但 SNA2008 中也指出，当具体考察一个经济体时，合并资产负债表往往会丢掉很多有用信息，因此，SNA2008 对于资产负债表的合并加总持保留态度。对此，本书认为各部门的非金融资产可以直接相加，但金融资产和金融负债必须要坚持合并抵消原则，否则会将一国的资产和负债真实规模扩大好多倍。当然，这样讨论的前提是将一国放在全球范围内看，内部资产负债合并抵消完，所剩的就是对外债。这样的逻辑方法也同样适用一个地区。例如，从我国整体层面来看，县级内部资产负债合并抵消后，所剩的就是县以外债务，可能包括国外债务，也包括上级政府债务；同样地，市级和省级单位也是如此。因此，整个国家的合并抵消程序如图 7-5 所示。从横向层面来看，非金融企业、金融部门、政府部门、NPISH部门（非营利组织）、居民部门五大部门的金融资产和金融负债内部相互合并抵消，形成一个地区的资产负债表，而各地区自下而上逐级汇总形成国家资产负债表。各地区抵消完的金融资产和金融负债相加就是国家层面的国外部门净值。

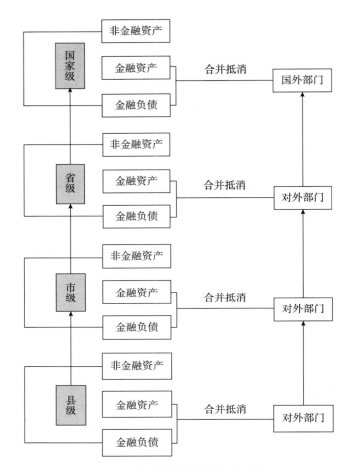

图7-5　国家资产负债表合并抵消程序

　　本书认为这样的国家资产负债表体系才是有利于长远发展的编制机制。在此，以李扬团队编制的国家资产负债表体系进行比较分析。李扬团队经过多年的努力，已经提出了一套可拓展、可修正、可延伸、有包容性的国家资产负债表估算方法和分析框架，大力推进了国家资产负债表研究和分析。但是，鉴于数据的可获得性及估算方法可能存在的争议，其著作中的数据质量和体系完整性有待提高。具体地，李扬团队在估算时，对非金融资产采取了分部门汇总的方式，而对金融资产和金融负债主要采用国家统计局1998年的资金存量表作为基准，后续年份采用基数加增量的间接估计法，并没有采用分部门汇总的方式。

这主要是由于各部门的估算方法和数据来源可能存在差异，导致直接汇总难以保证资产和负债的完全对等和匹配。李扬团队在其著作中指出：整个过程有些像拼图，从各个数据板块中找到合适的材料，最终拼出完整的部门资产负债表和国家资产负债表。本书认为，这是一种取巧的方法，会导致编制的国家层面资产负债表和分部门资产负债表存在较大差异，难以形成横向勾稽关系。学术研究由于缺少数据支撑，如此编制尚且可以，如果一个国家和地区也形成这样的编制模式和估计方法，那么国家资产负债表发挥的作用和应用将会大打折扣。

从我国当前国家资产负债表试编和政策传递的现状来看，本书首次提出我国国家资产负债表体系建设可以参考国际范式，建立如图7-6所示的工作机制。当前国际上的国家综合资产负债表主要由统计部门完成，但部门资产负债表由各部门完成。因此，要形成最终的国家资产负债表，不仅各个部门需要完成自身资产负债表的编制工作，各行政级别政府也需要完成各级地方资产负债表编制工作，从而形成"四个层级、六个部门"①的国家及地方资产负债表体系，并在工作机制上形成如图7-6所示的格局。在进行各个部门内部的纵向信息汇总和抵消时，应遵循以本部门作为核算编制主体的原则，进而反映的最终部门资产负债表应体现本部门和其他部门之间的债权债务关系。在这一基本原则下，属于本部门内部的各个上下级之间的债权债务应合并抵消（但需注意的是，这些信息，如地方债务风险等，是可以通过本部门内的各级别资产负债表得到反映的），从而反映本部门整体的资产负债情况。在进行不同部门间的横向内容的信息整合时，应注意此时的核算主体不再是各个部门，而是国家，因此对于不同部门间的债权债务也要进行合并抵消。其中需要特别指出的是国外部门一项，在对国外债权债务进行抵消后的余额即反映出我国的整体国家债务风险。

---

① 方便起见，将NPISH部门（非营利组织）纳入政府部门，因此图中显示五个部门。

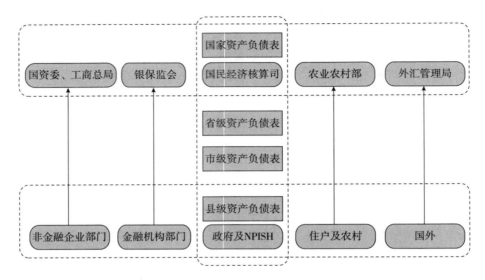

图 7-6　全国及地方资产负债表编制框架

第五节　国家资产负债表全面反映和 治理地方债的作用

首先，本书认为只有按照 SNA2008 的标准，建立与国际类似的表格形式，并根据我国资产和负债项目特点，采用自下而上逐级汇总的方式，通过横向合并抵消建立的国家资产负债表体系，才是适合我国发展的有用信息。而基于这样的资产负债表体系可以详细地反映和治理地方政府债务风险。具体的反映机制如图 7-7 所示。主要体现在以下五个方面：

（1）地方政府的直接显性债务，如发行债券以及贷入款项等，是在新《预算法》下，财政部每年制定的债券发行限额和债务限额实施，因此，必须全部纳入财政总预算中，并显示在政府部门的资产负债表中，地方政府的债券和贷款应显示在地方政府部门资产负债表中。

（2）地方政府的直接隐性债务，如其他应付款、保险、养老金缺口等也应当在政府部门资产负债表中直接显示，像英国和澳大利亚地方政府金融负债中的其他应付款，保险、养老金及其他标准担保计划一样清晰列示。其他应付款在我国现有的财政预算会计制度下的资产负债表中已经存在，但养老金缺口还没有纳入。

（3）地方政府的或有显性债务，主要表现为政府的债务担保行为，以及地方政府所属的事业单位下的债务或养老金缺口，此时如果还仅以地方政府资产负债表来研究，就难以发现这类债务，必须从事业单位资产负债表中寻找。

（4）地方政府的或有隐性债务，包括金融部门的不良资产、国有企业债务等。这类隐性债务同样不会显示在政府资产负债表中，而是反映在非金融企业资产负债表和金融部门资产负债表中。

（5）地方政府的外债，可以通过国外部门资产负债表查找和比对。还有，在国家资产负债表反映和治理地方债的机制中，资产负债表附注是必不可少的内容。一般而言，表内项目及其反映的信息相对简略，如果需要清晰获取每一笔地方政府显性和隐性负债，那么未来应进一步完善不同地方层级、不同部门资产负债表附注的信息披露。

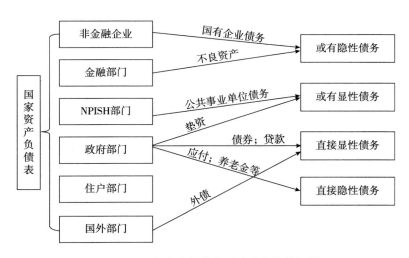

图 7-7　国家资产负债表反映地方债的机制

首先，本书提出，地方债研究仅以财政预算下的政府部门资产负债表分析是不行的，必须依靠国家资产负债表才能看出隐性负债和或有负债。国外发达国家一般是"小政府、大企业",所以国家资产负债表中政府资产和负债规模相对较小;而我国属于"大政府"国家,政府部门拥有大量的资产和负债,研究这样的债务问题,不能仅从一个部门、一个地区、一个指标分析,需要的则是从资产负债表体系出发,深入分析。

其次,本书认为基于完善的全国和地方资产负债表体系,才能建立起对地方债的考核体系,才能建立起监督和完善地方债管理的治理措施。如果仅像前文所述学者只是进行国家层面的资产负债表试编工作,那么难以提出完善地方债治理的有效政策建议。具体的治理机制如图 7-8 所示。

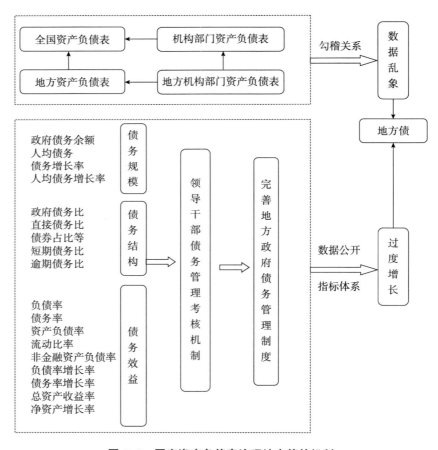

图 7-8 国家资产负债表治理地方债的机制

（1）国家资产负债表体系不仅包括国家层面的资产负债情况，还包括地方资产负债表和机构部门资产负债表。前文已述，各级地方政府横向汇总本级所属部门的资产负债情况，逐级向上形成全国资产负债表；而各机构部门纵向汇总本机构部门全国的资产负债表情况，同样可形成全国资产负债表。横纵交叉的编制结构，加上国家资产负债表本身存在的"资产＝负债+净资产"等系列内在逻辑关系，可以形成完整的勾稽关系，从而使各级地方政府负债的披露逐步规范，解决"数据乱象"的问题。毕竟在国家层面，利用国家资产负债表可以实现机构部门和地区政府数据的相互印证、相互核对，从而使地方债数据随意披露、随意造假的情况得到遏制。

（2）除了国家资产负债表本身完整的结构可以解决"数据乱象"的问题外，利用国家资产负债表建立的地方债综合考核指标还能解决地方债"过度增长"的问题。具体而言，根据本书前文构建的国家资产负债表反映和治理地方债的指标体系（见表5-1），利用国家资产负债表可以形成地方债规模、结构和效益的变化情况，从而达到对领导干部责任以及地区债务风险的考察。本书前文多次提到，目前考察地区债务风险的指标——负债率主要是基于GDP计算的，而GDP属于流量指标，主要存在两个问题：一是无法全面反映地方政府的偿债能力；二是无法剔除一些社会无效投资等。相较于GDP而言，基于国家资产负债表计算的资产负债率以及净资产增长率更能体现地方政府存量的效益以及偿债的能力。因此，基于国家资产负债表建立的地方政府对债务管理和债务风险的治理措施更能体现地方财政的实际水平。此外，还可以在国家资产负债表的附注中详细披露地方债的期限、来源、结构等特征，以具体说明地方债发行和管理的情况，达到隐性治理的目的。总体而言，完善国家资产负债表体系本身就对地方债具有治理作用。当数据公开透明，地区间数据可比，并以此形成考核制度，各地区领导干部才会自觉加强债务管理，规范债务行为，及时偿还债务等。因此，研究地方债治理问题不是孤立地分析，当地方债融入国家资产负债表下的国家治理体系中时，地方债的治理水平同样会不断提高，而国家资产负债表从产生之初就是服务于国家管理和国家治理的有力工具。

本章总结了国外有完善、及时对外公布的国家资产负债表体系，而国内没有的现状。根据党的十八届三中全会提出的编制全国和地方资产负债表的要求，我国应加快国家资产负债表体系和制度建设。具体而言，本书从非金融企业部门、金融部门、政府部门、NPISH 部门、居民部门等方面探讨了我国建立和编制国家资产负债表的可行性和操作性，提出了这些部门建立国家资产负债表的编制内容和编制程序。

非金融企业部门应分为国有企业和非国有企业。国有企业由国资委负责，将母子公司按"控制"原则进行合并，逐级汇总至全国；同时将区域范围企业按"属地"原则汇总至地方资产负债表中，对于跨行政级别的大型国有企业可以按"比例分成"原则汇总至不同级别地方资产负债表中。非国有企业由全国工商管理部门负责，汇总原则与国有企业类似，如果有跨行政级别的大型非国有企业，那么按母公司所在地汇入所在地资产负债表中。

金融部门应分为银行类和非银行类企业。银行类企业由中国人民银行负责，依据现有的全国金融机构和货币当局资产负债表按资产负债项目改制成国家资产负债表下的内容。跨行政级别的大型银行类似于国有企业的"比例分成"，原则上汇入各级地方资产负债表中。非银行类企业应该由银保监会负责，类似于非国有企业，通过合并抵消形成全国和地方资产负债表中的内容。

首先政府部门应依据财政部最新政府 9 号会计准则的要求，编制部门（单位）资产负债表、本级政府资产负债表和行政区资产负债表三级报表体系；其次应根据资产负债项目转换为国家资产负债表的列报。NPISH 部门（非营利机构）编制原则、编制内容及编制程序与政府部门类似。

居民部门资产负债表应区分城镇居民和农村居民。城镇居民可由统计局以调查表的形式汇总，而农村居民情况应纳入农村资产负债表中。我国农村区域面积大，农村人口占比高，必须针对农村地区建立完善的财务报表制度，编制农村资产负债表，以补充政府部门和居民部门资产负债表。

本章在分析完各部门资产负债表的编制路径后，进一步提出了各部门资产负债表形成全国和地方资产负债表的合并抵消程序以及国家资产负债表全面反映和治理地方债的作用机理。

第八章

强化国家资产负债表作用的政策性建议

分析一国债务最适当的工具就是国家资产负债表。目前，全国和地方资产负债表建设和地方政府债务治理属于我国重要的工作任务，具有重要的宏观经济意义。根据本书研究内容及分析结果，从法规约束、会计基础、监督机制以及配套技术等方面提出如下政策性建议，以突出国家资产负债表的宏观经济信息作用，加强对地方债的披露和管理。

第一节　以法治化规范全国和地方资产 负债表的编制和运用

从编制依据来看，1997 年和 2007 年我国国家统计局国民经济核算司提出的《中国资产负债表编制方法》成为我国较长时间内全国范围内资产负债表的编制依据。但这一编制方法更多地相当于研究成果，而不是制度规范。2017 年国家统计局发布的《中国国民经济核算体系 2016》是党和国家提出"编制国家和地方资产负债表"后的现行唯一法定依据。其中，全国资产负债表是基于SNA2008 的编制基础，与国际大部分国家协同的表格体系。但《中国国民经济核算体系 2016》中资产负债表的内容相对较少，且主要是针对国家整体层面的资产负债表编制要求，对于各级地方及各经济部门的编制要求涉及较少。此外，《中国国民经济核算体系 2016》更多的是强调资产负债表的总体框架，对于各资产负债项的细节及具体编制方法缺少规定。据此，本书建议以最高层级的法律或法规来规定国家资产负债表的编制要求，并以国务院为主出台相应的配套措施和实施细则，如各部门合并报表实施办法等，统计局和财政部等部门可以进一步出台各部门资产负债表编制要求和实施办法。尤其是，政府部门在预算会计和财务会计双轨制下，部门现有资产负债表数据和编制基础与国家资产负债表存在巨大的"鸿沟",这一差距必须提出解决和衔接办法,才能实现各部门资产负债表向全国和地方资产负债表的转化。据此,本书建议财政部门根据《政府会计准则——基本准则》《政府会计准则第9号——财务报表编制和列报》及《政府会计制度——行政事业单位会计科目和报表》,参考《企业会计准则第33号——合并财务报表》以及国际政府会计准则相关规定,尽快出台《政府会计准则——合并财务报表》准则,明确政府资产负债表的合并主体和合并范围。

从编制主体来看,由于国家资产负债表编制体系几乎涉及所有组织和部门,在确定编制主体上存在一定困难。国际上大部分发达国家均由统计部门编制和发布国家综合资产负债表,不少国家还同步发布了非金融企业等六个部门资产负债表。因此,我国应尽快明确国家资产负债表编制和发布主体的法定授权依据。从职能来看,统计部门是最早从事此项工作的组织,在数据获得方面具有先天不可比拟的优势,但只由统计部门负责和完成存在不合理性,也不可能完成。首先,国家资产负债表是一项综合性、全国性的跨部门、跨学科工作内容,仅有一个组织部门难以实现其预期效果;其次,我国前段时期由国家统计部门编制的国家资产负债表很多内容停留在统计方法与数据收集层面,缺乏系统性的归纳与整理,且统计数据的真实性和可靠性也难以保证。从实际应用效果来看,十几年来统计局编制的国家资产负债表基本上形同虚设,没有发挥作用。对此,本书建议国家应尽快根据我国实践确定资产负债表的编制主体和发布主体。

本书具体建议:根据SNA2008对一国机构单位的分类,非金融公司、金融公司、政府、居民、NPISH部门(为居民服务的非营利机构)、国外六个不同部门的资产负债表分别由不同的机构汇编完成。具体地,金融部门资产负债表应当由银保监会、证监会或中国人民银行负责编制合并资产负债表;非金融企业资产负债表可由全国工商部门、国资委分别编制;政府部门资产负债表由财政部编制;居民及农村相关的资产负债表由农业农村部负责编制;国外部门资产负债表由外汇管理局负责编制。对于全国整体的资产负债表,国家可以成立单独的国家资产负债表编制工作组,负责编制全国的合并资产负债表。该工作组可以隶属于国务院,形成单独部门,也可以隶属于国家统计局,但必须有会计等其他行业人员的参与。对于国家资产负债表的发布主体,我们认为国家资产负债表作为国家宏观经济核算体系中的重要部分，应当与宏观经济核算体系一同发布，各细分部门资产负债表也可以由不同机构部门单独发布。

第二节　完善资产负债表体系及附注等
会计信息披露

国家资产负债表作为反映宏观经济信息的重要体系，在披露和报告主体上，国家资产负债表应当达到与企业财务报表相当的水准，或超越企业财务报表的地位。这是首先应当肯定的。这要求国家资产负债表的报告与运用不能效仿一般的统计报表或统计年鉴，而应像上市公司年度报告中财务报告一样，具有广泛的社会效果。对此，本书建议进一步明确国家资产负债表报告和运用的社会地位，加强和完善国家资产负债表的信息披露。在披露时间上，加拿大等国家均是以季报的形式将国家资产负债表向社会公众公开披露，相对而言，我国统计局编制的国家资产负债表难以在公开途径找到，而学者编制的资产负债表相关数据的披露也是以年为披露期间，且一般推迟一年或两年公布，而政府资产负债表并未对外披露。这明显不符合宏观经济信息和会计信息对于及时性的要求。对此，本书建议未来国家在完善编制国家资产负债表的基础上，建立统一信息平台，社会公众可以登录自行下载国家资产负债表以及各组成部分资产负债表，并争取逐步实现以季度数据定期发布。

此外，本书在此不仅强调了国家资产负债表信息公开的重要性，还指出了资产负债表附注信息公布的重要性。这主要是由于地方债形式多样，不仅包括表内显示的直接显性债务，还有大量的隐性债务和或有债务难以在现有核算范围内显示。像企业会计报告，一般企业的或有负债需要在报表附注中详细披露来源及确认条件等。国家资产负债表只有建立和完善完整的报表体系，才能综合、完整地反映地方政府全部债务风险。因此，报表附注和资产负债表本身同样具有重要的地位。

为了实现资产负债表体系及附注等会计信息披露，首先，国家必须建立各部门协调统一的工作机制，加强财政部门和统计部门等的分工与协调。资产负债表是一项综合性的、全国性的跨部门、跨学科工作，仅有一个组织部门难以实现其预期效果。只有加强部门间的分工协作，并强调数据共享，才能建立数据准确、披露及时的国家资产负债表体系。其次，必须依靠国家政策或行政命令的大力推动。针对现在我国政府会计中资产负债表和国家资产负债表制度同步进行的状况，国家要加大过渡制度的衔接，加强地方债管理的公开化和透明化。

第三节　建立并强化政府财务报告监督及审计制度

审计是监督现代社会良好运行的重要机制。目前，金融部门、非金融企业资产负债表均需要内部审计、社会审计以及国家审计的参与。而政府作为权力部门，更需要问责和监督制度。在公共受托责任理论下，中央政府和地方政府都是接受国家和人民委托管理公共事务。编制国家资产负债表是提高国家财政和资产负债透明度的重要措施，但由于存在受托责任关系，就必须有完善的监督机制，以减少国家资产负债表可能存在的国家盈余管理现象。因此，为保证政府综合财务报告信息的真实性、完整性及合规性，应开展政府综合财务报告审计，而国际上对政府财务报告进行审计已属常态。我国当前政府财务报告才刚开始实施，本书认为可借鉴美国等发达国家的审计程序，加强对政府财务报告的审计监督。

从地方债视角来看，地方债产生和管理的部门均是政府。国家审计监督既要控制政府债务的风险，又要考核政府债务的预期效益。根据我国当前现状，政府财政部门自愿公布的政府财务报告往往只涉及地方政府直接显性债务，对隐性债务和或有债务避而不谈。只有审计部门以政府为主体进行债务追踪才能发现隐性债务。这样的审计成本是较大的，且存在审计漏洞；而且这样的审计难以实现随时监督。在国家资产负债表编制和建立的基础上，国家必须建立并强化政府财务报告监督及审计制度，以促进资产负债表项目的准确性、真实性和及时性。

第四节　建立以国家资产负债表为中心的宏观经济指标体系

　　宏观经济信息质量是各领域关注和争论的重要内容，评价和衡量宏观经济信息质量的指标也纷繁复杂，很难有一个准确的模型或技术能有效评价其信息质量。根据以往研究成果，统计学科主要基于统计误差的计量评价方法，对宏观经济信息准确性特征进行检验；而宏观经济学、金融学等相关学科主要基于宏观经济信息的市场反应等定量评价方法，对宏观经济信息的相关性进行检验。客观来看，这些研究都是从外部间接地考察宏观经济信息质量，且难以同时保证准确性、相关性和及时性。

　　虽然国家资产负债表看似一张表，但实则反映的内容非常丰富。我国国家资产负债表在过去 20 年里，实际反映的宏观经济信息价值十分有限，被解读和运用的更是少之又少，难以与我国高速发展的经济、金融形态相匹配。对此，本书认为应建立以国家资产负债表为中心的宏观经济指标体系。具体地，构建基于国家资产负债表的宏观经济信息质量评价体系，是在统计数据、会计数据的基础之上运用会计学基本原理"资产＝负债+所有者权益"，通过横向合并和纵向合并原则，形成的一国宏观经济的基本面概括。完善的全国及地方资产负债表所反映的宏观经济信息应该是准确、可靠、及时的，且能相互印证。资产负债表提供了丰富的数据，对不同资产、不同负债以及资产和负债之间的关系进行分析，可以得出若干反映国民经济结构的重要结论。基于国家资产负债表数据，配之以其他社会经济数据，还可以进一步获得更多反映国民经济发展方向和路径的指标。因此，国家资产负债表理所应当作为宏观经济信息的重要来源而存在，国家资产负债表背后所反映的庞大宏观经济信息指标也应当被挖掘、解读和应用。

第五节　全面利用计算机技术形成综合信息系统

提高数据处理效率是编制国家资产负债表的前提，数据的准确才能保证最后结果的准确，数据处理的高效才能保证数据发布的时效性。只有同时满足数据的正确性和时效性才能为国家治理提供科学的决策支持，才是国家提出编制全国和地方资产负债表的宗旨和要义。由于全国和地方资产负债表与政府、企业、金融部门等微观主体资产负债表资产负债项目及计价方式的不同，编制全国和地方资产负债表存在着大量的数据转换和衔接工作等。在计算机信息技术高速发展的背景下，我们应当充分利用互联网快速有效地汇总数据，并加强资产负债数据标准化、规范化建设，为编制全国和地方资产负债表及国家治理服务。具体地，我们可按照适应云计算的前沿性技术，逐步建立起县、市、省各级政府层面的资产负债数据库以及国家层面的资产负债数据库，满足各级资产负债表的编制要求，通过软件设计等渠道，在数据统计汇总后，由后台自动生成完整、精确的全国和地方资产负债表。此外，数据处理程序及标准还需要系统化和普适化，保证各层级资产负债数据的相互调用，扩大资产负债表的应用范围，提高资产负债表的应用功能。

利用信息系统编制国家资产负债表也会对工作程序和相关人员的业务水平等提出进一步要求。从工作程序上来看，国家资产负债表的编制及相关问题探讨是一个跨学科的重大问题，其既需要统计学中数据收集、汇总、编制及统计分析，同时也需要会计学中价值计量和会计合并等基本原理。不言而喻，做好全国及地方资产负债表编制这样的重要工作，确实需要会计与统计通力合作。因此，在工作程序上，财政部门和统计部门应建立对接机制，由双方共同商定国家资产负债表和政府部门资产负债表的科目对应关系；在人员要求上，发挥会计人员和统计人员协同合力作用，提升相关人员的综合能力，以求通过会计学科和统计学科的相互融合，理顺国家资产负债表与政府资产负债表的总体框架以及数据来源、编制方法等具体内容。可以说，会计在价值核算、披露及时性、报表分析和应用上具有不可比拟的先天优势，应当在这些方面充分发挥其重要作用。

参考文献

［1］ Alberto, Roberto. Fiscal Adjustments in OECD Countries: Composition and Macroeconomic Effects ［C］. IMF Working Papers, 1996.

［2］ Alt J E, Lassen D D. Fiscal Transparency, Political Parties, and Debt in OECD Countries ［J］. European Economic Review, 2006, 50 (6): 1403-1439.

［3］ Ashworth J, Geys B, Heyndels B, et al. Competition in the Political Arena and Local Government Performance ［J］. Applied Economics, 2014, 46 (19): 2264-2276.

［4］ Ashworth, John, Geys, Benny, Heyndels, Bruno. Government Weakness and Local Public Debt Development in Flemish Municipalities ［J］. International Tax & Public Finance, 2005, 12 (4): 395-422.

［5］ Benczúr P. Changes in the Implicit Debt Burden of the Hungarian Social Security System ［R］. NBH Working Paper, 1999: 8.

［6］ Blades, Derek W. Survey of Country Pratices in Compiling Balance-sheet Statistics ［J］. Review of Income & Wealth, 1980, 26 (3): 325-339.

［7］ Breton A. Competitive Governments: An Economic Theory of Polotics and Public Finance ［M］. London: Cambridge University Press, 1998: 220-300.

［8］ Brixi H P. Avoiding Fiscal Crisis Accounting for Contingent Liabilities to Manage Fiscal Risk ［J］. World Economics, 2012, 13 (1): 27- 53.

［9］ Chan J. Government Accounting: An Assessment of Theory, Purposes and Standards ［J］. Public Money & Management, 2003, 23 (1): 13-20.

［10］ Chow D, C Humphrey, J Moll. Developing Whole of Government Accounting in the UK: Grand Claims, Practical Complexities and A Suggested Future Research Agenda ［J］. Financial Accountability and Management, 2007, 23 (1): 27-54.

［11］ Clinger J C, Feiock R C, Mccabe B C, et al. Turnover, Transaction

Costs, and Time Horizons: An Examination of Municipal Debt Financing [J]. The American Review of Public Administration, 2008, 38 (2): 167-179.

[12] Colangelo A, et al. The National Segmentation of Euro Area Bank Balancesheets During the Financial Crisis [J]. Empirical Economics, 2017, 53 (1): 247-265.

[13] Condon, Corbo, Jaime de Melo. Productivity Growth, External Shocks, and Capital Inflows in Chile: A General Equilibrium Analysis [J]. Journal of Policy Modeling, 1985, 7 (3): 379-405.

[14] Copeland, Ronald M, Ingram, Robert W. Municipal Bond Market Recognition of Pension Reporting Practices [J]. Journal of Accounting & Public Policy, 1982, 2 (3): 147-165.

[15] Dickinson, Frank, Eakin, Franzy. A Balance Sheet of the Nation's Economy [M]. University of Illinois, 1936.

[16] Dollery, Worthington. The Impact of Fiscal Illusion on Housing Values: An Australian Test of the Debt Illusion Hypothesis [J]. Public Budgeting & Finance, 1995, 15 (3): 63-73.

[17] Edward N Wolff. Estimates of Household Wealth Inequality in the U. S. 1962-1983 [J]. Review of Income & Wealth, 1987, 33 (3): 231-256.

[18] Edward N Wolff. The Size Distribution of Household Disposable Wealth in the United States [J]. Review of Income & Wealth, 1983, 29 (2): 125-146.

[19] European Commission, International Monetary Fund. Organization for Economic Co-operation and Development [M]. United Nations, World Bank, System of National Accounts 2008, United Nations Press, 2008.

[20] Feroz E H, Wilson E R. Market Segmentation and the Association between Municipal Financial Disclosures and Net Interest Costs [J]. The Accounting Review, 1992, 67 (3): 480-495.

[21] Francois P, G Hubner, J. Sibille. A Structural Balance Sheet Model of Sovereign Credit Risk [J]. Finance, 2011 (32): 137-165.

[22] Giroux G, Mclelland A J. Governance Structures and Accounting At Large Municipalities [J]. Journal of Accounting and Public Policy, 2003, 22 (3):

203-230.

［23］ Goldsmith R W, Lipsey R E. Studies in the National Balance Sheet of the United States ［J］. Journal of Finance, 1982, 20 (1): 84-85.

［24］ Goldsmith R W. National Balance Sheets and the Effects of Inflation: This New Tool of Economic Analysis Is Used Here to Study How Inflation Affects Various Groups of People ［J］. Science, 1962, 136 (3519).

［25］ Gray D, R Merton, Z Bodie. Contingent Claims Approach to Measuring and Managing Sovereign Credit Risk ［J］. Journal of Investment Management, 2007 (5): 5-28.

［26］ Greiner, Willi. Debt Sustainability in the European Monetary Union: Theory and Empirical Evidence for Selected Countries ［J］. Oxford Economic Paper, 2007 (59): 194-218.

［27］ Hameed F. Fiscal Transparency and Economic Outcomes ［R］. IMF Working Papers No. 05/225, 2005.

［28］ Heald, Georgiou. Consolidation Principles and Practices for the UK Government Sector ［J］. Accounting & Business Research, 2000, 30 (2): 153-167.

［29］ Hildreth W B, Zorn C K. The Evolution of the State and Local Government Municipal Debt Market Over the Past Quarter Century ［J］. Public Budgeting & Finance, 2010, 25 (4s): 127-153.

［30］ Ismihan, Ozkan. Public Debt and Financial Development: A Theoretical Exploration ［J］. Economics Letters, 2012, 115 (3): 348-351.

［31］ JonesRich, Whalley John. Regional Balance Sheets of Gains and Losses from National Policies: Calculations from an Applied General Equilibrium Model for Canada ［J］. Regional Science and Urban Econotmcs, 1991, 20 (4): 421-435.

［32］ Koetsier I. Natural Disasters and Implicit Government Debt ［J］. The Public Sector, 2017, 43 (2): 27- 30.

［33］ Krichel, Levine. Growth, Debt and Public Infrastructure ［J］. Economics of Planning, 1995, 28 (2-3): 119-146.

［34］ Manuel, Galera. The Role of Fair Value Accounting in Promoting Government Accountability ［J］. Abacus, 2012, 48 (3): 348-387.

[35] Marquette R P, Wilson E R. The Case for Mandatory Municipal Disclosure: Do Seasoned Municipal Bond Yields Impound Publicly Available Information? [J]. Journal of Accounting and Public Policy, 1992, 11 (3): 181-206.

[36] Martell, Guess. Development of Local Government Debt Financing Markets: Application of a Market-Based Framework [J]. Public Budgeting & Finance, 2006, 26 (1): 88-119.

[37] Mcleod R H, Harun H. Public Sector Accounting Reform at Local Government Level in Indonesia [J]. Financial Accountability & Management, 2014, 30 (2): 238-258.

[38] Merton R C. On the Pricing of Corporate Debt: The Risk Structure of Interest Rates [J]. Working Papers, 1973, 29 (2): 449-470.

[39] Merton, R. On the Pricing of Corporate Debt: The Risk Structure of Interest Rates [J] Journal of Finance, 1974 (29): 449-470.

[40] Newberry S. Whole of Government Accounting in New Zealand: A Review of WGA Financial Reports from 1993 to 2010 [J]. Abacus, 2011, 47 (4): 501-523.

[41] Oates W E. Searching for Leviathan: An Empirical Study [J]. The American Economic Review, 1985 (75): 748-757.

[42] Overton M. Sorting Throuth the Determinants of Local Government Competition [J]. The American Review of Public Administration, 2017, 47 (8): 914-928.

[43] Pattillo C A, Poirson H, Ricci L A. What Are the Channels Through Which External Debt Affects Growth? [J]. IMF Working Papers, 2004, 4 (15): 1-33.

[44] Raman K, K Wilson, Earl R. The Debt Equivalence of Unfunded Government Pension Obligations [J]. Journal of Accountiny & Public Policy, 1990, 9 (1): 37-56.

[45] Reinhart C, Rogoff K. Why We Should Expect Low Growth Amiddebt [DB/OL]. http://www.finacialtime.com, 2010.

[46] Revell J. The National Balance Sheet of the United Kindom [J]. Review of Income and Wealth, 1966, 12 (4): 281-305.

［47］Roe，Alan R. The Case for Flow of Funds and National Balance Sheet Accounts ［J］. Economic Journal，1973，83（330）：399-420.

［48］Rushbrook，Wells. National and Sector Balance Sheets in Concept and in-Practice.［J］. The Review of Income and Wealth，1987，33（1）：19-37.

［49］Sari E N. Accounting Practices Effectiveness and Good Governance：Mediating Effects of Accounting Information Quality in Municipal Office of Medan City ［J］. Indonesia Research Journal of Finance and Accounting，2015，6（2）：1-10.

［50］Spilioti，Vamvoukas. The Impact of Government Debt on Economic Growth：An Empirical Investigation of the Greek Market ［J］. Journal of Economic Asymmetries，2015，12（1）：34-40.

［51］Traum N，Yang S C S. When Does Government Debt Crowd Out Investment?［J］. Journal of Applied Econometrics，2015，30（1）：24-45.

［52］Walker R G. Issues in the Preparation of Public Sector Consolidated Statements ［J］. Abacus，2011，47（4）：171-220.

［53］巴曙松，李羽翔，张博. 地方政府债券发行定价影响因素研究——基于银政关系的视角 ［J］. 国际金融研究，2019（7）：76-86.

［54］财政部财政科学研究所课题组. 我国地方政府债务态势及其国际借鉴：以财政风险为视角 ［J］. 改革，2009（1）：5-24.

［55］曹远征. 地方债仍是 2017 年宏观调控的核心问题 ［J］. 小康，2016（29）：27.

［56］常丽. 公共绩效管理框架下的政府财务绩效报告体系构建研究 ［J］. 会计研究，2013（8）：10-16.

［57］陈宝东，邓晓兰. 财政分权、金融分权与地方政府债务增长 ［J］. 财政研究，2017（5）：38-53.

［58］陈思霞，陈志勇. 需求回应与地方政府性债务约束机制：经验启示与分析 ［J］. 财贸经济，2015（2）：16-28.

［59］陈文川，杨野，白佳明等. 债务审计对地方政府债务风险的影响——基于 2008~2016 年省级面板数据的实证检验 ［J］. 审计研究，2019（4）：29-38+47.

［60］程晓佳. 财政透明度与政府会计改革 ［J］. 会计研究，2004（9）：

22-27.

［61］程宇丹，龚六堂.政府债务对经济增长的影响及作用渠道［J］.数量经济技术经济研究，2014，31（12）：22-37.

［62］邓淑莲，刘潋滟.财政透明度对地方政府债务风险的影响研究——基于政府间博弈视角［J］.财经研究，2019，45（12）：4-17.

［63］杜彤伟，张屹山，杨成荣.财政纵向失衡、转移支付与地方财政可持续性［J］.财贸经济，2019，40（11）：5-19.

［64］高学武，张丹.地方政府支出效率的再考察——基于省级面板数据的分析［J］.经济社会体制比较，2013（6）：181-190.

［65］辜胜阻，韩龙艳，吴永斌.我国地方政府债务的突出问题及其治理思路［J］.江海学刊，2017（6）：82-88+238.

［66］顾莹，王洪悦，李靠队.政府债务风险评估研究——基于国家资产负债表的分析［J］.中国集体经济，2016（34）：92-94.

［67］郭道扬.走向宏观经济世界的现代会计（上）［J］.中南财经大学学报，1990（5）：7-15.

［68］郭敏，宋寒凝.地方政府债务构成规模及风险测算研究［J］.经济与管理评论，2020（1）：73-86.

［69］郭玉清，毛捷.新中国70年地方政府债务治理：回顾与展望［J］.财贸经济，2019，40（9）：51-64.

［70］郭玉清，袁静，李永宁.中国各省区财政偿债能力的比较与演进：2005—2012［J］.财贸研究，2015，26（1）：80-90.

［71］韩健，程宇丹.地方政府性债务影响经济增长路径的区域异质性分析［J］.统计研究，2019，36（3）：32-41.

［72］韩健，程宇丹.地方政府债务规模对经济增长的阈值效应及其区域差异［J］.中国软科学，2018（9）：104-112.

［73］韩增华.刍议分税制改革与中国地方政府债务风险之关系［J］.现代财经（天津财经大学学报），2011，31（4）：23-29.

［74］何杨，王蔚.土地财政、官员特征与地方债务膨胀——来自中国省级市政投资的经验证据［J］.中央财经大学学报，2015（6）：10-19.

［75］洪源，胡争荣.偿债能力与地方政府债务违约风险——基于KMV修

正模型的实证研究 [J]. 财贸经济, 2018, 39 (5): 21-37.

[76] 洪源, 刘兴琳. 地方政府债务风险非线性仿真预警系统的构建——基于粗糙集-BP 神经网络方法集成的研究 [J]. 山西财经大学学报, 2012, 34 (3): 1-10.

[77] 洪源, 秦玉奇, 王群群. 地方政府债务规模绩效评估、影响机制及优化治理研究 [J]. 中国软科学, 2015 (11): 161-175.

[78] 洪源, 秦玉奇, 杨司键. 地方政府性债务使用效率测评与空间外溢效应——基于三阶段 DEA 模型和空间计量的研究 [J]. 中国软科学, 2014 (10): 182-194.

[79] 后小仙, 武帅. 地方政府债务风险的生成机理与审计防控 [J]. 经济与管理评论, 2016, 32 (2): 111-117.

[80] 胡翠, 许召元. 对外负债与经济增长 [J]. 经济研究, 2011, 46 (2): 19-30+58.

[81] 胡奕明, 顾祎雯. 地方政府债务与经济增长——基于审计署 2010~2013 年地方政府性债务审计结果 [J]. 审计研究, 2016 (5): 104-112.

[82] 黄志雄. 政府综合财务报告编制问题与对策研究——基于事权划分与支出责任匹配的探讨 [J]. 中央财经大学学报, 2018 (3): 11-20.

[83] 吉富星. 地方政府隐性债务的实质、规模与风险研究 [J]. 财政研究, 2018 (11): 62-70.

[84] 纪志宏, 周黎安, 王鹏等. 地方官员晋升激励与银行信贷———来自中国城市商业银行的经验证据 [J]. 金融研究, 2014 (1): 1-15.

[85] 贾俊雪, 郭庆旺. 财政规则、经济增长与政府债务规模 [J]. 世界经济, 2011, 34 (1): 73-92.

[86] 贾晓俊, 顾莹博. 我国各省份地方债风险及预警实证研究 [J]. 中央财经大学学报, 2017 (3): 16-24.

[87] 姜宏青, 张艳慧. 我国政府债务与固定资产投资关系的实证研究 [J]. 中国海洋大学学报 (社会科学版), 2018 (4): 79-87.

[88] 姜子叶, 胡育蓉. 财政分权、预算软约束与地方政府债务 [J]. 金融研究, 2016 (2): 198-206.

[89] 解明明. 澳大利亚国家资产负债表编制简介 [J]. 中国统计, 2016

（5）：4-5.

[90] 景宏军，王蕴波. 我国地方政府公债定性及政府资产负债能力的提升研究 [J]. 经济与管理评论，2012，28（4）：81-86.

[91] 考燕鸣，王淑梅，王磊. 地方政府债务风险预警系统的建立及实证分析 [J]. 生产力研究，2009（16）：182-184.

[92] 匡小平，蔡芳宏. 论地方债的预算约束机制 [J]. 管理世界，2014（1）：173-175.

[93] 况伟大，王湘君. 土地市场波动、限购与地方债交易市场风险——来自中国城投债交易市场的证据 [J]. 中国软科学，2019（10）：39-49.

[94] 李冠青. 地方政府债务风险及安全融资规模评估研究——基于山东省及其17市的实证研究 [J]. 山东社会科学，2018（10）：186-192.

[95] 李红霞，乔迪. 政府综合财务报告制度改革路径 [J]. 经济研究参考，2015（60）：16-17.

[96] 李金华. 中国国家资产负债表谱系及编制的方法论 [J]. 管理世界，2015（9）：1-12.

[97] 李金华. 中国国家资产负债表卫星账户设计原理研究 [J]. 统计研究，2015（3）：76-83.

[98] 李静. 城投债规模、政府审计力度与经济发展水平 [J]. 财经问题研究，2017（11）：73-78.

[99] 李腊生，耿晓媛，郑杰. 我国地方政府债务风险评价 [J]. 统计研究，2013，30（10）：30-39.

[100] 李丽珍，安秀梅. 地方政府隐性债务：边界、分类估算及治理路径 [J]. 当代财经，2019（3）：37-47.

[101] 李玲. 地方政府性债务问题的审计思考 [J]. 审计研究，2011（5）：8-12.

[102] 李婷婷，赵树宽，戴志敏. 基于审计结果的地方政府性债务适度规模研究 [J]. 审计研究，2015（3）：35-40.

[103] 李晓静，张曾莲，马浚洋. 中国国家资产负债表与国家治理能力提升 [J]. 地方财政研究，2016（10）：10-18.

[104] 李扬. 国家资产负债表的治理信号 [J]. 经济导刊，2014（1）：

70-73.

[105] 李扬. 降低杠杆率要准备打持久战——资产负债表架构下降杠杆问题的思考 [J]. 保险理论与实践，2016（1）：11-20.

[106] 李扬，张晓晶，常欣等. 中国主权资产负债表及其风险评估（上）[J]. 经济研究，2012（6）：4-19.

[107] 李扬，张晓晶，常欣等. 中国主权资产负债表及其风险评估（下）[J]. 经济研究，2012（7）：4-21.

[108] 李一花，张芳洁，亓艳萍. 地方债规模增长的一个解释框架 [J]. 当代经济科学，2017，39（3）：95-101.

[109] 梁琪，郝毅. 地方政府债务置换与宏观经济风险缓释研究 [J]. 经济研究，2019（4）：18-32.

[110] 林忠华. 国家和政府资产负债表初探 [J]. 上海对外经贸大学学报，2014，21（3）：48-57.

[111] 刘昊. 新中国 70 年地方政府债务发展历程与治理经验 [J]. 经济体制改革，2019（4）：129-135.

[112] 刘骅，卢亚娟. 地方政府融资平台债务风险预警模型与实证研究 [J]. 经济学动态，2014（8）：63-69.

[113] 刘辉，王建琼. 国家盈余管理动因、策略与展望 [J]. 西南金融，2011（2）：14-16.

[114] 刘江会，王功宇. 地方政府财政竞争对财政支出效率的影响——来自长三角地级市城市群的证据 [J]. 财政研究，2017（8）：56-89.

[115] 刘澜飚，马珊珊，郭步超. 政府债务拐点、经济增长与系统性风险——资本成本视角的门限分析 [J]. 经济学动态，2018（5）：30-41.

[116] 刘明辉，刘雅芳. 会计越发展　政治越文明——论会计审计的政治环境及其在政治文明建设中的作用 [J]. 会计研究，2014（7）：3-11.

[117] 刘尚希. 控制公共风险是化解政府性债务风险的源头 [J]. 经济经纬，2012（2）：2-3.

[118] 刘尚希，赵全厚. 政府债务：风险状况的初步分析 [J]. 管理世界，2002（5）：22-32.

[119] 刘锡良，刘晓辉. 部门（国家）资产负债表与货币危机：文献综述

[J]. 经济学家，2010（9）：96-102.

[120] 刘笑霞. 论我国政府财务报告制度的构建——基于财政透明度的考察 [J]. 当代财经，2007（2）：20-28.

[121] 刘星，李宁，张超. 银行竞争、终极控制与债务配置结构 [J]. 会计研究，2015（10）：44-50+96.

[122] 刘谊，廖莹毅. 权责发生制预算会计改革：OECD 国家的经验及启示 [J]. 会计研究，2004（7）：10-14.

[123] 路军伟，殷红. 政府会计改革的动力机制与分析模型——基于制度变迁的理论视角 [J]. 会计研究，2012（2）：57-64.

[124] 罗党论，佘国满. 地方官员变更与地方债发行 [J]. 经济研究，2015，50（6）：131-146.

[125] 罗胜，向书坚. 政府资产负债表的核算主体范围研究 [J]. 中央财经大学学报，2017（10）：3-11.

[126] 马东山，韩亮亮，张胜强. 政府审计能够抑制地方政府债务增长吗？——财政分权的视角 [J]. 审计与经济研究，2019，34（4）：9-21.

[127] 马海涛，吕强. 我国地方政府债务风险问题研究 [J]. 财贸经济，2004（2）：12-17.

[128] 马海涛，任致伟. 预算透明度、竞争冲动与异质地方政府性债务——来自审计结果的证据 [J]. 广东财经大学学报，2016，31（6）：27-36.

[129] 马骏，张晓蓉，李治国. 国家资产负债表研究成果及其应用 [J]. 科学发展，2013（12）：9-18.

[130] 马拴友. 中国公共部门债务和赤字的可持续性分析——兼评积极财政政策的不可持续性及其冲击 [J]. 经济研究，2001（8）：15-24.

[131] 马轶群. 地方政府债务的租值耗散及国家审计治理——以融资平台为例 [J]. 财经科学，2015（2）：63-71.

[132] 毛锐，刘楠楠，刘蓉. 地方政府债务扩张与系统性金融风险的触发机制 [J]. 中国工业经济，2018（4）：19-38.

[133] 宓燕. 地方政府债务绩效评价指标体系研究 [J]. 经济与管理，2006（12）：64-67.

[134] 闵庆全. 微观会计学与宏观会计学 [J]. 财会通讯，1982（6）：

8–11.

［135］缪慧星. 政府资产负债表、债务风险与风险控制［J］. 生产力研究，2015（12）：153–156.

［136］缪小林，伏润民. 我国地方政府性债务风险生成与测度研究——基于西部某省的经验数据［J］. 财贸经济，2012（1）：17–24.

［137］缪小林，史情茹. 经济竞争下的地方财政风险：透过债务规模看财政效率［J］. 财政研究，2016（10）：20–35.

［138］缪小林，赵全厚，孟艳等. "十二五"时期我国地方政府性债务压力测试研究［J］. 经济研究参考，2012（8）：3–58.

［139］潘俊，方致远，唐凯丽. 地方政府行为视角下的政府综合财务报告质量提升探析［J］. 财务与会计，2016（23）：57–58.

［140］庞晓波，李丹. 中国经济景气变化与政府债务风险［J］. 经济研究，2015，50（10）：18–33.

［141］裴玉骅，吴杰. 关于建立宏观会计的探讨［J］. 财经问题研究，1989（7）：51–55.

［142］蒲丹琳，王善平. 官员晋升激励、经济责任审计与地方政府投融资平台债务［J］. 会计研究，2014（5）：88–93.

［143］戚艳霞，金睿种，国杰姜. 公共财政管理框架下的政府会计改革［J］. 财政研究，2013（11）：67–70.

［144］戚艳霞，荆新. 政府会计确认基础对财政透明度影响的跨国实证分析［J］. 财经论丛，2016（1）：29–37.

［145］沈雨婷. 财政分权与晋升激励对地方政府债务影响研究［J］. 甘肃社会科学，2019（1）：172–178.

［146］史亚荣，赵爱清. 地方政府债务对区域金融发展的影响——基于面板分位数的研究［J］. 中南财经政法大学学报，2020（1）：105–113.

［147］宋常，杨华领，徐国伟. 地方政府债务跟踪审计研究［J］. 学术研究，2016（4）：104–111.

［148］宋伟官. 我国政府会计制度变迁问题研究［J］. 财经问题研究，2014（4）：83–88.

［149］宋夏云，马逸流，沈振宇. 国家审计在地方政府性债务风险管理中

的功能认知分析 [J]. 审计研究, 2016 (1): 45-52.

[150] 孙琳, 陈舒敏. 债务风险、财政透明度和记账基础选择——基于国际经验的数据分析 [J]. 管理世界, 2015 (10): 132-143.

[151] 谭艳艳, 邹梦琪. 有限政府责任下的债务风险研究——基于政府或有事项的视角 [J]. 会计研究, 2019 (3): 3-9.

[152] 汤林闽, 萨日娜. 国家资产负债表与政府资产负债表: 比较、辨析和研究发展 [J]. 财务与会计, 2018 (1): 75-76.

[153] 汤林闽. 中国政府资产负债表2017 [J]. 财经智库, 2017 (5): 103-138.

[154] 汤林闽. 中国政府资产负债表: 理论框架与现实选择 [J]. 金融评论, 2014 (1): 94-109.

[155] 田国强, 赵旭霞. 金融体系效率与地方政府债务的联动影响——民企融资难融资贵的一个双重分析视角 [J]. 经济研究, 2019, 54 (8): 4-20.

[156] 王晨明.《权责发生制政府综合财务报告制度改革方案》四大任务间的逻辑关系探析 [J]. 财务与会计, 2016 (11): 18-20.

[157] 王雅龄, 王力结. 地方债形成中的信号博弈: 房地产价格——兼论新预算法的影响 [J]. 经济学动态, 2015 (4): 59-68.

[158] 王义中, 何帆. 金融危机传导的资产负债表渠道 [J]. 世界经济, 2011, 34 (3): 51-71.

[159] 王雍君. 近期发达国家的公共财政管理改革: 启示与借鉴 [J]. 经济管理, 2003 (21): 21-24.

[160] 王振宇, 连家明, 郭艳娇等. 我国地方政府性债务风险识别和预警体系研究——基于辽宁的样本数据 [J]. 财贸经济, 2013 (7): 17-28.

[161] 魏加宁. 中国地方政府债务风险与金融危机 [J]. 商务周刊, 2004a, (5): 42.

[162] 魏建国. 国民经济核算就是宏观会计吗？[J]. 上海会计, 1997: 38-39.

[163] 温来成, 李婷. 我国地方政府隐性债务边界的厘清及治理问题研究 [J]. 中央财经大学学报, 2019 (7): 18-26.

[164] 吴俊培, 艾莹莹, 龚旻. 地方财政竞争无效率的实证分析 [J]. 财

政研究，2017（7）：89-101.

[165] 吴念鲁，杨海平. 经济金融风险传染的防范与治理——基于资产负债表视角的分析 [J]. 西南金融，2016（2）：15-18.

[166] 吴勋，王雨晨. 官员晋升激励、国家审计免疫与地方政府债务——基于省级面板数据的实证研究 [J]. 华东经济管理，2018，32（9）：110-115.

[167] 武恒光，王良玉，李学岚. 债券市场参与者关注国家审计的治理效应吗——来自地方债信用评级和发行定价的证据 [J]. 宏观经济研究，2019（2）：46-68.

[168] 夏诗园. 基于 KMV 模型的地方政府债务风险预警研究 [J]. 金融评论，2019，11（4）：114-123.

[169] 冼国明，冷艳丽. 地方政府债务、金融发展与 FDI——基于空间计量经济模型的实证分析 [J]. 南开经济研究，2016（3）：52-74.

[170] 肖文，韩沈超. 地方政府性债务规模对消费者福利影响研究——基于商品房价格变动的视角 [J]. 财贸研究，2015，26（5）：90-98.

[171] 辛荣耀. 宏观会计问题的再探讨 [J]. 会计研究，1986（5）：20-24.

[172] 邢俊英. 政府负债风险控制：影响政府会计改革的重要因素 [J]. 会计研究，2006（9）：64-68+96.

[173] 熊楚熊. 试论国民账户体系和宏观会计 [J]. 统计研究，1992（3）：21-25.

[174] 熊楚熊. 试论宏观会计与 SNA 的异同以及宏观会计研究范围 [J]. 会计研究，1992（5）：53-58.

[175] 徐家杰. 对分税制改革以来我国地方政府债务规模的估计——以浙豫疆三省区为例 [J]. 经济理论与经济管理，2014（9）：15-25.

[176] 徐盛发，巴曙松. 从资产负债表角度考察人口结构的宏观含义 [J]. 经济评论，2011（6）：104-108.

[177] 徐唐先. 论 SNA 对会计学基本方法的创造性应用 [J]. 会计研究，1997（5）：9-14.

[178] 徐文舸. 政府债务影响了经济增长吗？——兼论如何削减债务 [J]. 投资研究，2018，37（5）：98-115.

[179] 许光建，曾路遥. 基于政府会计制度改革的中国政府负债风险控制

研究［J］.价格理论与实践，2016（9）：37-41.

［180］薛军，闻勇.地方政府债务管理的国外借鉴［J］.党政视野，2015（4）：51.

［181］阎达五.谈谈"社会会计"的若干理论问题［J］.会计研究，1988（1）：49-52.

［182］燕红忠.近代中国的政府债务与金融发展［J］.财经研究，2015，41（9）：108-120.

［183］杨灿明，鲁元平.我国地方债数据存在的问题、测算方法与政策建议［J］.财政研究，2015（3）：50-57.

［184］杨朝晖.改进政府会计与预算的研究［J］.福建农林大学学报（哲学社会科学版），2004（3）：62-65+69.

［185］杨继东，杨其静，刘凯.以地融资与债务增长——基于地级市面板数据的经验研究［J］.财贸经济，2018，39（2）：52-68.

［186］杨家亮.加拿大国家资产负债表编制简介——"资产负债表编制的国际比较研究"系列报告之六［J］.中国统计，2016（6）：10-11.

［187］杨永恒，田新民.资产负债框架下国债风险研究［J］.会计之友，2011（17）：39-40.

［188］杨志宏.国家资产负债表与提高国家治理能力研究［J］.财政研究，2015（11）：39-45.

［189］杨志宏，赵鑫.美国统计部门和财政部门编制的政府资产负债表比较研究［J］.税收经济研究，2017（2）：82-92.

［190］杨志宏，赵鑫.英国统计局与财政部编制的政府资产负债表比较研究及对我国的启示［J］.新疆财经，2017（4）：20-30.

［191］杨志勇.中国债务风险总体可控——结合中国政府资产负债表的分析［J］.中国发展观察，2017（17）：18-20.

［192］叶德杰.地方政府参与金融资源配置下的地方金融风险研究［D］.云南财经大学，2018.

［193］尹恒.政府债务妨碍长期经济增长：国际证据［J］.统计研究，2006（1）：29-34.

［194］余应敏.推行应计制（权责发生制）政府会计是防范财政风险的重

要举措：由欧债危机谈起［J］.财政研究，2014（2）：35-40.

［195］余应敏，杨野，陈文川.财政分权、审计监督与地方政府债务风险——基于2008-2013年中国省级面板数据的实证检验［J］.财政研究，2018（7）：53-65.

［196］曾康霖，吕劲松.加强地方政府性债务管理的审计思考［J］.审计研究，2014（1）：31-34+8.

［197］张海星，靳伟凤.地方政府债券信用风险测度与安全发债规模研究——基于KMV模型的十省市样本分析［J］.宏观经济研究，2016（5）：48-60.

［198］张晖，金利娟.财政分权是影响地方政府债务风险的主要致因吗？——基于KMV和空间面板杜宾模型的实证研究［J］.会计与经济研究，2019，33（1）：116-128.

［199］张吉军，金荣学，张冰妍.高质量发展背景下地方政府债务绩效评价体系构建与实证——以湖北省为例［J］.宏观质量研究，2018，6（4）：32-44.

［200］张娟.政府会计与企业会计：概念框架差异与启示——基于IPSASB与IASB最新研究成果的分析［J］.会计研究，2010（3）：78-85.

［201］张军.地方政府行为与金融资源配置效率［J］.经济问题，2016（12）：37-41.

［202］张莉，年永威，刘京军.土地市场波动与地方债——以城投债为例［J］.经济学（季刊），2018，17（3）：1103-1126.

［203］张琦，程晓佳.政府财务会计与预算会计的适度分离与协调：一种适合我国的改革路径［J］.会计研究，2008（11）：35-41.

［204］张琦，程晓佳.政府会计改革环境动因的实证研究——以OECD国家为例［J］.财政研究，2012（10）：73-78.

［205］张阳，朱峰.宏观会计简介［J］.浙江财税与会计，1998（2）：42.

［206］张曾莲，高姗.政府会计准则改革环境动因的实证研究——国际经验数据与中国符合性检验［J］.财经问题研究，2016（10）：85-92.

［207］张曾莲，严秋斯.土地财政、预算软约束与地方政府债务规模［J］.中国土地科学，2018，32（5）：45-53.

［208］张曾莲. 政府综合财务报告改革促进政府治理能力提升研究——基于 30 个国家的实证分析［J］. 经济问题，2017（2）：111-116.

［209］张子荣. 我国地方政府债务风险研究——从资产负债表角度［J］. 财经理论与实践，2015，36（1）：95-99.

［210］章鑫，江庆. 政府资产负债表理论与实践述评［J］. 上海商学院学报，2017，18（2）：92-96.

［211］赵爱玲，李顺凤. 地方政府债务绩效审计质量控制评价指标体系研究［J］. 西安财经学院学报，2015，28（2）：34-38.

［212］赵剑锋. 省级地方政府性债务风险测度、分解与归因——基于 2014 年省级地方债审计的因子-聚类分析［J］. 经济经纬，2016，33（3）：144-149.

［213］赵丽江，胡舒扬. 制度变迁与政府债务：我国地方政府债务成因的制度分析［J］. 河南社会科学，2018，26（11）：91-96.

［214］赵全厚. 中国地方政府融资及其融资平台问题研究［J］. 经济研究参考，2011（10）：2-9.

［215］赵如波，田益祥. 地方政府竞争与地方政府债务使用效率的非线性关系——来自省际面板数据的经验证据［J］. 技术经济，2018，37（4）：121-130.

［216］赵西卜，王建英，王彦等. 政府会计信息有用性及需求情况调查报告［J］. 会计研究，2010（9）：9-16+96.

［217］赵新泉，陈旭. 政府债务与经济增长：究竟谁决定谁？——基于面板 VAR 的分析［J］. 投资研究，2018，37（1）：50-63.

［218］郑威，陆远权，李晓龙. 地方政府竞争促进了地方债务增长吗？——来自中国省级城投债与空间溢出效应的经验证据［J］. 西南民族大学学报（人文社科版），2017，38（2）：135-141.

［219］郑之杰. 主权债务危机与融资风险研究——基于中国和其他世界主要经济体的思考［J］. 人民论坛·学术前沿，2018（4）：6-21.

［220］仲凡. 基于风险与绩效相关性的地方政府性债务管理研究［J］. 财政研究，2017（3）：20-32.

［221］仲杨梅，张龙平. 国家审计降低地方政府债务风险了吗？［J］. 南京审计大学学报，2019，16（3）：1-10.

［222］周程，张永亮.地方债务膨胀对民间投资的门限效应——来自中国省际面板的实证研究［J］.中国经济问题，2018（3）：93-105.

［223］周林林.亦谈政府综合财务报告的编制难点［J］.财务与会计，2015（22）：63-66.

［224］朱德云，王素芬.地方政府债务规模与市政设施投资：效率和影响［J］.经济与管理评论，2020（1）：87-98.

［225］朱文蔚.稳增长与防风险双重目标下的地方政府债务风险评估研究［J］.当代经济管理，2019，41（2）：68-76.

［226］朱莹，王健.市场约束能够降低地方债风险溢价吗？——来自城投债市场的证据［J］.金融研究，2018（6）：56-72.

后 记

地方政府债务问题是当前我国重点和热点问题。国家资产负债表是我国当前及未来长期发展的重要内容，其作为揭示一国资产和负债的重要表格，理应运用于地方债管理和治理中。当前，编制国家资产负债表工作涉及面广、技术要求高、实施难度大，在实际编制过程中，确实面临着不少挑战和困难。但是，考虑到国家资产负债表运用的重要价值及其反映的宏观经济信息意义，编制这类表格对我国当前的经济社会发展而言是必需的，且在编制过程中应当遵循会计的思维和信息披露要求等。本书从会计视角出发探讨我国全国和地方资产负债表编制对地方债的反映和治理作用，以期将以国家资产负债表为载体的宏观经济信息充分反映、利用。

本书从会计学角度出发，以国民经济核算体系中十分重要且与会计联系最为紧密的资产负债表说起，分析了国家资产负债对地方债的反映和治理作用，并基于当前财政部以权责发生制为核心的财务报告综合改革的重要内容，提出了完善编制国家资产负债表的重要思路，同时提出会计在宏观经济信息质量评价中发挥作用的可能性思路，以丰富宏观会计和宏观经济信息质量研究。

第一，提出了全国和地方资产负债表反映和治理地方债问题的"理想状态"。具体地，对地方政府债务、国家资产负债表、政府会计制度进行了详细的文献和制度发展综述，比较并总结了我国与西方发达国家的国家资产负债表和政府会计制度差异。结果发现：国外编制合并的国家资产负债表已经发展多年，尤其是英国、澳大利亚等每年定期发布国家资产负债表系列报表，而我国国家资产负债表提出时间短，仅在表式上趋于国际，在编制方法、合并程序、数据发布的及时性等方面仍存在较大差距；国外主要发达国家都已形成了不同程度的权责发生制政府会计制度，且定期公布资产负债表等财务报告，而我国以权责发生制为核心的政府会计改革才刚开始，资产负债表准则与国外公共部门和企业部门的还存在一定差距。因此，本书通过对英国和澳大利亚的全国资产负债表以及地方政府部门资产负债表的详细数据分析，总结了资产负债表中横向的经济部门结构、纵向的资产负债表交易项目结构、跨历史时期的趋势结构以及跨地区和跨国比较的丰富数据价值，并据此建立了与地方政府债务有关的丰富指标体系，改善了已有研究和统计中主要以债务/GDP 或债务/收入指标衡量的单一化，更加强调了"国家资产或地方资产"在地方债判断和治理中的重要作用。研究表明：国家资产负债表数据能更好地反映地方债规模，利用国家资产负债表构建的地方债风险指标更为全面和完整，能打开地方债治理的"黑箱"。本书象征性地将此称为"理想状态"。

第二，总结了当前我国地方债的主要数据来源及其反映内容的"现实状态"。具体而言，财政部门是地方债信息披露和管理的权威机构，财政部公布的地方债数据主要侧重于地方政府债券等直接显性债务；审计署公布的地方债审计数据不仅审计了政府直接显性债务，还初步核算了地方或有债务和隐性债务，但仅有两次审计结果，共三个时点的数据，且审计署对地方债的三分类法较为笼统。相对而言，城投债数据从 1997 年前后开始出现后，一直属于地方政府相对较为公开披露的债务信息，但这一项内容难以反映地方政府或有负债的全貌，且进行了政府部门、金融部门和非金融企业部门等的债权债务合并抵消后，城投债对地方政府的影响还有多少，难以说明。学者自编国家资产负债表是我国研究地方债问题的新领域，但目前由于数据缺陷，各学者自编的政府资产负债表还不够完善。本书总结了我国地方债的数据来源，并比较了财政预算和决算数据、政府审计结果、统计年鉴以及学者自编国家资产负债表等不同来源下地方债规模的差异。结果发现：目前我国并未建立完整的地方债数据信息披露机制，地方债"数据乱象"严重；基于我国数据来源计算的各地区地方债风险差异较大。基于此，本书认为只有编制详细、准确、完整、及时的资产负债表才能将地方政府债务问题反映清楚，同时还能根据国外地方债治理指标进行总结分析，提出地方债治理的有效措施，并将此称为"现实状态"。

第三，探讨了基于政府会计改革下完善国家资产负债表工作的"努力"。本书认为编制完善的国家资产负债表能充分反映、揭示和治理地方债，但目前我国缺少像国外一样具有丰富数据和平衡关系的国家资产负债表体系。我国当前的国家资产负债表编制工作还存在诸多问题，主要表现为现阶段的资产负债表并未合并报表，未进行内部的抵消、合并；全国及地方资产负债表核算项目不全，缺少自然资源资产及应付款项等内容；国家资产负债表的资料来源多为各种财务会计决算、统计年报、城乡居民家计调查资料、宏观业务核算资料，核算过程缺乏完善的会计核算思路；国家资产负债表历史上披露不及时且不连续；等等。据此，本书从非金融企业部门、金融部门、政府部门、居民、NPISH 部门（非营利机构）、国外部门六个部门提出了完善国家资产负债表的制度路径。具体地，非金融企业部门应分为国有企业和非国有企业。国有企业由国资委负责，将母子公司按"控制"原则进行合并，逐级汇总至全国；同时将区域范围企业按"属地"原则汇总至地方资产负债表中，对于跨行政级别的大型国有企业可以按"比例分成"原则汇总至不同级别地方资产负债表中。非国有企业由工商管理部门负责，汇总原则与国有企业类似，如果有跨行政级别的大型非国有企业，那么按母公司所在地汇入所在地资产负债表中。金融部门应分为银行类和非银行类企业。银行类企业由中国人民银行负责，依据现有的全国金融机构和货币当局资产负债表按资产负债项目改制成国家资产负债表下的内容。跨行政级别的大型银行类似于国有企业的"比例分成"原则汇入各级地方资产负债表中。非银行类企业应该由银保监会负责，类似于非国有企业，通过合并抵消形成全国和地方资产负债表中的内容。首先，政府部门应依据财政部最新政府会计准则 9 号的要求，编制部门（单位）资产负债表、本级政府资产负债表和行政区资产负债表三级报表体系。其次，应根据资产负债项目转换为国家资产负债表的列报。NPISH 部门（非营利机构）编制原则、编制内容及编制程序与政府部门类似。居民部门资产负债表应区分城镇居民和农村居民。城镇居民可由统计局以调查表的形式汇总，而农村居民情况应纳入农村资产负债表中。在分析完各部门资产负债表的编制路径后，进一步提出了各部门资产负债表形成全国和地方资产负债表的合并抵消程序以及国家资产负债表全面反映和治理地方债的作用机理。

本书的研究和分析也存在一定的局限性，主要体现在以下四个方面：

第一，针对当前国家最新政策的探索性研究，仅以国外数据分析了国家资产负债表反映和治理地方债的功能作用，并对我国国家资产负债表编制和应用的制度路径提出了重要思路。在我国，实现国家资产负债表编制、披露和应用等具体工作还需要国家多个部门广泛调研考证，需要国家大力推进此项工作。在未来研究中将进一步根据当前研究内容，选择一个地区进行国家资产负债表试编工作，以总结更多的经验。

第二，财政部于 2019 年 1 月 1 日才开始实施《政府会计准则 9 号》，目前国内政府部门还未有综合财务报告，尤其是资产负债表对外公开披露。因此，本书的研究主要集中于国内外比较分析，以及国内可行性的理论分析，缺少相关数据的因果结论分析。未来，在政府部门数据可获取的情况下，将进一步分析基于我国国家资产负债表数据反映的资本结构等信息与地方债的相关关系，以及与其他宏观经济和微观经济指标的相关关系，甚至国家盈余管理相关研究。在未来研究中，这将是学术界重点关注的领域。为此，我们要进一步呼吁财政部建立综合财务报告的披露机制。

第三，目前国内还存在诸多政策性文件，例如，《全国和地方资产负债表编制工作方案》等尚未通过公开渠道发布，且《中国国民经济核算体系 2016》还未出台相关国家资产负债表编制方法的具体方案，相关内容较为粗略。我国基础政策资料的不足以及国家资产负债表的复杂性，导致本书分析的内容可能还需要较长的实现过程。目前国家资产负债表试编工作进展缓慢，而地方债治理的需求却刻不容缓。此外，本书的分析相对比较宏观，未来应就此问题进一步深化。国家资产负债表的每一个细节问题都值得探讨。

第四，本书涉及的国内外地方债数据，主要在于分析国家资产负债表对其治理作用，因此选取了相对容易比较的时间区间，即 2009~2016 年。相对而言，在时间序列上的年份较短，未来可以进一步在长历史时期内研究地方债规模和风险的变化情况。此外，本书只选择了国家资产负债表和政府会计制度相对完善和披露详细的英国和澳大利亚作为案例研究对象，受语言限制等原因，考察的国家数量相对较少，未来研究中可以进一步考察多个国家的差别。

根据本书的研究结论，未来可进一步就如下领域进行探索，并根据国内外数据进行实证性研究。具体可从三个方面拓展：一是分析国家或部门资本结构与金融稳定之间的关系，二是分析部门间风险传递的过程，三是分析一国或一个地区债务风险、资本结构与金融稳定的关系。具体地，可以以 OECD 国家为例，基于国家资产负债表丰富的数据，以因子分析等方法形成债务风险指标，检验债务风险与金融风险、股价崩盘风险、外汇风险、经济增长风险等之间的关系，以及不同国家资本结构指标与资源配置效率、财政持续性、国家信用评级等之间的关系。待我国国家资产负债表数据公布后，还可以以我国样本进行这样的系列研究。这将是本书后续进一步关注和研究的领域。

吕晓敏

2022 年 11 月